Europarecht Basiswissen

Gesetze, Urteile, Fälle und
Multiple-Choice-Tests auf CD-ROM

Prof. Dr. Dieter Krimphove

Auf CD-ROM (passt in jedes Laufwerk):

- Gesetze
  - EG-Vertrag (Amsterdamer Fassung)
  - Verordnungen
  - Richtlinien
- über 120 Urteile des EuGH
- Multiple-Choice-Tests zur Wiederholung
  und Vertiefung
- Fälle mit Musterlösungen zur Übung
- Tabellen und Abbildungen zur
  schnellen Orientierung
- europäische und deutsche
  Internetadressen

Bibliografische Information der Deutschen Bibliothek
Die Deutsche Bibliothek verzeichnet diese Publikation in der Deutschen Natio-
nalbibliografie; detaillierte bibliografische Daten sind im Internet über
http://dnb.ddb.de abrufbar.

ISBN 3-448-05564-6
Bestell-Nr. 00749-0001

© 2003, Rudolf Haufe Verlag GmbH & Co. KG,
Niederlassung Planegg b.München
Postanschrift: Postfach, 82142 Planegg
Hausanschrift: Fraunhoferstraße 5, 82152 Planegg
Fon (0 89) 8 95 17-0, Fax (0 89) 8 95 17-2 50
E-Mail: online@haufe.de
Internet: www.haufe.de, www.taschenguide.de

Umschlaggestaltung: Simone Kienle, par:two büro für visuelles, 70182 Stuttgart
Umschlagentwurf: Agentur Buttgereit & Heidenreich, 45721 Haltern am See
Druck: freiburger graphische betriebe, 79121 Freiburg

Zur Herstellung der Bücher wird nur alterungsbeständiges Papier verwendet.

TaschenGuide Recht mit CD-ROM – die perfekte Kombination

Europarecht ist weit mehr als die staats- und völkerrechtliche Ordnung der Organe der Europäischen Gemeinschaften und deren Rechtsbeziehung zu den Europäischen Mitgliedstaaten. Bereits heute beeinflusst das geltende Europarecht die Rechtsordnungen eines jeden Mitgliedstaats zu ca. 90 %. Das Europarecht „beherrscht" nahezu vollständig die Lebens-, Wirtschafts- und Arbeitsbedingungen eines jeden einzelnen Bürgers. Die Kenntnis des Europarechts in seiner gesamten Breite ist daher unerlässlich.

Diesem Ziel ist dieses Buch verpflichtet. Es schildert die Organe und Institutionen der Europäischen Gemeinschaften und des Europarechts, die Wirkungsweise des Europarechts, seine verschiedenen Rechtsquellen und Grundfreiheiten bis hin zu den unterschiedlichen „Europäischen Politiken", wie etwa die Verbraucher-, Sozial- und Wettbewerbspolitik. Die eingefügten Fälle und Entscheidungen des Europäischen Gerichtshofes (im folgenden EuGH) zählen bereits heute zum Standard-Repertoire jedes Studenten und Praktikers. Sie veranschaulichen eingehend die Problematik des Europarechts und weisen auf dessen Lösungsanstöße und Entwicklungstendenzen hin. Tipps, besondere Vermerke, zahlreiche Schaubilder, Tabellen, Zusammenfassungen und schließlich die ausführlichen Lösungsskizzen erleichtern das Verständnis und den Umgang mit dem Europarecht im Studium und in der täglichen Praxis.

Die beiliegende CD dokumentiert die meisten der angesprochenen Entscheidungen und die wichtigsten Rechtsquellen im Volltext. Insbesondere der interaktive Wissenstest und die interaktiven Falllösungsbeispiele vertiefen nicht nur die angesprochenen Fragestellungen. Sie eignen sich ebenso zu einer eigenständigen Verständniskontrolle.

Mein persönlicher Dank für die sorgsame Bearbeitung des Textes und die zahlreichen Ideen bei der didaktischen Gestaltung insbesondere der CD gilt Herrn Niederkrome und Herrn Welp.

Prof. Dr. Dieter Krimphove

Inhalt

1. Die Bedeutung des Europarechts

All jene, die einen ersten Zugriff zum Europarecht suchen, schrecken zunächst die zahllosen nichtssagenden politischen Sonntagsreden zu diesem Gebiet ab. Diese preisen das Europarecht in belanglosen ideologischen „Lobhudeleien" und unverbindlichen Absichtserklärungen. Dem ist ganz und gar nicht so. Bereits heute beeinflusst das Europarecht schätzungsweise über 85 % aller Normen des deutschen Wirtschaftsrechts. Man erkennt den Einfluss des Europarechts auf die deutsche Gesetzgebung insbesondere an dem derzeitigen Tempo, in dem der Gesetzgeber neue Vorschriften schafft. Diese ständig neu erscheinenden und in bestehende nationale Gesetze einzufügenden Vorschriften sind dann erkennbar an den sie bezeichnenden Kleinbuchstaben. Wichtigstes Beispiel ist der § 613 a BGB. Letztlich geht auch die Schuldrechtsreform auf das europäische Recht zurück.

Eine übergroße Bedeutung erhält das Europarecht, macht man sich dessen Regelungsgegenstand und dessen wirtschaftliche Tragweite bewusst. In dem Wirtschaftsraum der Europäischen Gemeinschaften leben mehr als 376 Mio. Menschen (2000) aus 15 Mitgliedstaaten (Belgien, Dänemark, Deutschland, Finnland, Frankreich, Griechenland, Irland, Italien, Luxemburg, den Niederlanden, Österreich, Portugal, Schweden, Spanien und Großbritannien).

Diese erwirtschaften bereits heute ein Bruttoinlandsprodukt (zu Marktpreisen) in Höhe von 7.983 €. Die Erweiterung der Europäischen Union um die Länder Bulgarien, Estland, Lettland, Litauen, Malta, Polen, Rumänien, Slowakei, Slowenien, Tschechische Republik, Ungarn und Zypern würde das BIP um 355 Mrd. € auf 8.338 Mrd. € erhöhen. Eine Auflistung der wirtschaftlichen Tragweite des Wirtschaftsraums der Europäischen Union enthält Übersicht 1 auf der CD. Allein diese Daten genügen, um die immense Bedeutung der Europäischen Union als Wirtschafts- und Kulturraum anschaulich zu machen.

Obige Überlegungen scheinen Grund genug, sich eingehend auseinander zu setzen mit dem Europarecht, seinem Entstehen, insbesondere seinen rechtlichen wie wirtschaftlichen Auswirkungen auf das nationale Recht sowie seiner aktuellen wie zukünftigen Entwicklung und Bedeutung für die Rechtsangleichung der zumeist höchst unterschiedlichen nationalen Rechtsordnungen und damit für das Entstehen eines einheitlichen Europäischen Binnenmarkts mit (nahezu) gleichförmigen Wirtschafts-, Lebens- und Arbeitsbedingungen.

Die Europäischen Gemeinschaften

Die so genannte „Europäische Gemeinschaft" besteht aus 2 (3) unterschiedlichen Gemeinschaften:

Europäische Wirtschafts- gemeinschaft **E(W)G**	Europäische Gemeinschaft f. Kohle und Stahl **EGKS**	Europäische Atomgemein- schaft **EURATOM**

Die drei Gemeinschaften sind rechtlich vollständig eigenständig. Der sog. „Fusionsvertrag" aus dem Jahr 1965 verschmilzt nicht die drei Gemeinschaften zu einer einzelnen. Er ermöglicht ihnen lediglich, dass die drei Gemeinschaften dieselben Organe (wie die Kommission und den Rat) - dazu im Einzelnen siehe unten - nutzen.

Übersicht 2: Die Organe der Europäischen Gemeinschaften

- der Rat
- die Kommission
- das Europäische Parlament sowie
- der EuGH und der Rechnungshof

⊘ Zu den Strukturen, Kompetenzen und Aufgaben der Organe der Europäischen Gemeinschaften und deren voraussichtlichen Veränderungen nach dem Inkrafttreten des Vertrages von Nizza siehe Übersicht 3 auf der CD.

Jede der drei Gemeinschaften ist eine eigene Rechtsperson. D.h. jede der Gemeinschaften kann Träger von Rechten und Pflichten sein (Art. 281 EGV). Jede der drei Europäischen Gemeinschaften kann ferner – durch ihre Organe – rechtlich eigenständig auftreten

- und etwa völkerrechtliche Verträge bzw. Abkommen mit einzelnen Staaten der Europäischen Gemeinschaften (z.B. Portugal, Schweden, Frankreich) und auch Drittstaaten wie den USA, der Türkei etc. schließen (Art. 300 EGV),

- Rechte und Pflichten in den Mitgliedstaaten begründen (Art. 282 EGV), wie etwa Verpflichtungen eingehen oder Eigentum erwerben oder

- schadenersatzpflichtig werden, wenn ihre Organe widerrechtlich einem anderen Rechtsträger Schaden zufügen.

Drei selbstständige Verträge (EWG-Vertrag von 25.3.1957 in der Fassung des Amsterdamer-Vertrages v. 2. 10. 1997, EGKS-Vertrag vom 18.4.1951 sowie EURATOM-Vertrag vom 25. 3. 1957) liegen den drei Gemeinschaften zugrunde. Der EURATOM-Vertrag enthält Spezialregelungen für die friedliche Nutzung von Kernenergie bzw. für die Sicherheit im Umgang mit der Atomenergie und deren Erforschung. Der EGKS-Vertrag ist zum 22. 7. 2002 ausgelaufen (Art. 97 EGKS-V). Der wichtigste und einflussreichste der europäischen Verträge ist der EWG-Vertrag. Er durchlief eine Anzahl entscheidender Veränderungen:

Von der EWG zur EU

- Zunächst war die Europäische Wirtschaftsgemeinschaft (EWG) als eine Zollunion gedacht.

- Die „Einheitliche Europäische Akte" vom 1. 7. 1987 legte dann den Grundstein für den Europäischen Binnenmarkt, der bis zum 31. 12. 1992 vollendet sein sollte.

- Der Maastrichter Vertrag über die Europäische Union (**EUV**) vom 7. 2. 1992 erweiterte zum 1. 11. 1993 die Aufgaben der Europäischen Gemeinschaften um eine „gemeinsame Außen- und Sicherheitspolitik (**GASP**) und der Kooperation der Mitgliedstaaten in der Innen- und Justizpolitik (**ZBIJ**)". Gemeinsam mit den beiden letztgenannten Abkommen stellt er die Europäischen Gemeinschaften bildlich gesprochen unter ein gemeinsames Dach, das der **Europäischen Union (EU)**. Der Begriff „Europäische Union" ist dabei lediglich ein politischer. Er steht für die politische Zusammenarbeit der in den Europäischen Gemeinschaften zusammengeschlossenen europäischen Mitgliedstaaten in einem selbst nicht rechtsfähigen Staatenbund (so BVerfG in: NJW 1993, S. 3047 ff., 3052; NJW 1995, S. 2216 ff. (m.w.H.) zum Zweck der weitgehenden politischen Einigung Europas).

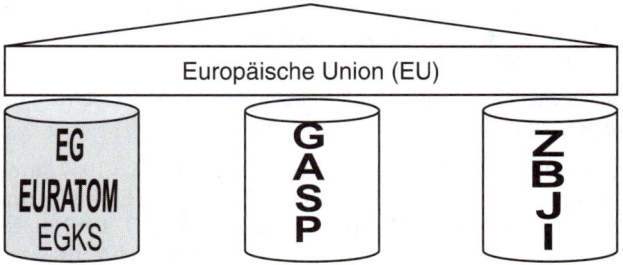

- Erstmals führte der Maastrichter Vertrag über die Europäische Union in seinem Art. G lit. C die Unionsbürgerschaft als den Rechtsstatus „politischer Grundrechte auf europäischer Ebene" auf. Diese „politischen Grundrechte" [Petitionsrecht (Art. 21 EGV), Wahlrecht der europäischen Bürger (Art. 19 EGV), „Recht" auf Diplomatische Vertretung (Art. 20 EGV), Freizügigkeit (Art. 18 EGV)] hat erst die Amsterdamer Fassung des EG-Vertrages durch Art. 8 lit. C des Vertrages über die Europäische Union/Amsterdamer Fassung vom 2. Oktober 1997 übernommen (Art. 17 bis Art. 22 des EG-Vertrages).
Der Amsterdamer-Vertrag vereinfachte ferner das aus der Neuordnung der Europäischen Gemeinschaften resultierende Normengeflecht. Insbesondere hat er die Inhalte der zahlreichen neben dem EGV bestehenden Protokolle in den EGV eingepasst. Hieraus ergibt sich eine vollkommen neue Nummerierung der Artikel des EG-Vertrages.

- Der Vertrag von Nizza bereitet die Erweiterung der Europäischen Gemeinschaften um die neuen Beitrittsländer Bulgarien, Estland, Lettland, Litauen, Malta, Polen, Rumänien, Slowakei, Slowenien, Tschechische Republik, Ungarn und Zypern vor. Damit weitet er die Zahl der Mitgliedstaaten zum 1. Januar 2005 auf 27 aus.
Mit dem Vertrag von Nizza haben die vertragschließenden Länder ebenfalls die „Charta der Grundrechte der Europäischen U-

nion" verkündet. Trotz dieser quantitativen Aufführung von Rechtspositionen darf die Bedeutung der Europäischen Charta der Grundrechte nicht überschätzt werden: Viele der angesprochenen Rechte stehen unter dem Vorbehalt der nationalen Regelungen. Grundsätzlich neue Rechtspositionen vermittelt die Charta der Grundrechte der Europäischen Union nicht. Sie gibt vielmehr das Bestreben der europäischen Staaten zu erkennen, einen „europaeinheitlichen Grundrechtskatalog" zu entwickeln und zu verabschieden.

✎ Die Möglichkeit der Kontrolle der vorangegangenen Ausführungen bieten die interaktiven Fragen auf der CD (Test 1).

2. Der Vorrang des europäischen Rechts vor dem nationalen

Die Bedeutung des europäischen Rechts unterstreicht sein Anspruch, den es im Verhältnis zum nationalen Recht behauptet.

In der Anfangsphase der Europäischen Gemeinschaften ging die Rechtslehre noch von der Selbstständigkeit des Europarechts und des nationalen Rechts aus. Beide Rechtsgebiete bilden zwei unabhängig voneinander bestehende Rechtskreise, die sich gegenseitig weder berühren noch beeinflussen (sog. „Zweirechtskreistheorie"). Die Wirkung des Europarechts auf das nationale Recht der Mitgliedstaaten lief dabei gegen Null. Schon früh – nämlich im Jahre 1964 – erkannte der EuGH, dass die „Zweirechtskreistheorie" nicht geeignet war, das europäische Recht durchzusetzen und zu einer Vereinheitlichung der Rechts- und Wirtschaftsbedingungen in Europa beizutragen. In seiner Rechtsprechung wandte sich der EuGH gegen diese Auffassung und etablierte insbesondere in seiner Entscheidung Costa/ENEL den Grundsatz des „Vorranges des Europarechts".

Costa/ENEL; EuGH v. 15. 7. 1964 (Rs. 6/64) Flamio Costa gegen ENEL, Slg. 1964, S. 1251

Per Gesetz verstaatlichte der italienische Staat alle in Italien Strom erzeugenden Energieunternehmen und übertrug sie auf das neu gegründete staatseigene

Unternehmen ENEL. Zu den konfiszierten Unternehmen zählte auch die Aktiengesellschaft „Edisonvolta", deren Aktionär Herr Costa war. Herr Costa weigerte sich, seine Stromrechnung an ENEL zu bezahlen. Zwar hatte er tatsächlich Strom in entsprechender Höhe verbraucht. Seiner Meinung nach verstößt aber die Verstaatlichung gegen den EWG-Vertrag. Ein italienisches Gericht legte dem EuGH genau diesen Aspekt zur Entscheidung vor. Die italienische Regierung vertrat demgegenüber den Standpunkt, der EuGH könne diese Frage gar nicht überprüfen. Denn hier stehe ein italienisches Gesetz in Frage, zu dessen Kontrolle das Europäische Gericht gar nicht befugt sei.

Der EuGH bejahte seine Befugnis, auch nationale Gesetze der Kontrolle durch ihn bzw. das Europarecht zu unterziehen. Er betont,

1. dass – im Gegensatz zu anderen völkerrechtlichen Verträgen – der EWG-Vertrag eine eigene Rechtsordnung darstelle, die die Mitgliedstaaten in ihren nationalen Rechtsordnungen übernommen haben [Rn. 8];

2. dass gegen das Recht des EWG-Vertrages verstoßende nationale Regelungen der vertraglich eingegangenen Verpflichtung der Mitgliedstaaten zur Gründung einer Gemeinschaft widersprechen (nämlich der Europäischen Wirtschaftsgemeinschaft) [Rn. 9 f.];

3. dass die Mitgliedstaaten ihre (gesetzgeberische) Souveränität zur Verabschiedung von eigenständigem nationalen Recht zugunsten der Europäischen Gemeinschaften beschränkt und auf diese übertragen haben [Rn. 8 ff.] (so auch: EuGH v. 13. 2. 1969 (Rs. 14/68) Walt Wilhelm gegen Bundeskartellamt, Slg. 1969, S. 1 ff. ✆ 1)

4. Dem europäischen Recht gebührt daher gegenüber dem nationalen der Vorrang [Rn. 11/12.].

Die europäischen Mitgliedstaaten können daher nicht nachträglich nationales Recht schaffen, welches dem Europarecht zuwider läuft. Gleichbedeutend mit der Feststellung des Vorranges des Europarechts vor dem nationalen ist die Aussage, dass der Europäische Gerichtshof auch „rein" nationale Gesetze auf seine Europarechtmäßigkeit überprüfen darf.

[In der Sache selbst stellte dann der EuGH fest, dass tatsächlich die Verstaatlichung der Energieunternehmen gegen das Europarecht, nämlich gegen Art. 37 Abs. 1 EWG-V (a.F.) verstieß. Die Verstaatlichung trug nämlich zum Entstehen eines nach Art. 37 Abs. 2 EWG-V unzulässigen Handelsmonopols bei. Sie war daher europarechtswidrig und damit nichtig.]

■ *ACHTUNG!*
Ist eine nationale Norm europarechtswidrig, d.h. verstößt sie gegen Europarecht, ist diese Regelung nichtig. Sie braucht daher weder (vom nationalen Gesetzgeber) aufgehoben, noch (vom nationalen Gesetzgeber) ersetzt werden. Auf ihren Inhalt kann sich niemand berufen.

ACHTUNG!
Falls die Nichtigkeit den europäischen Bürger rückwirkend belasten würde, gilt sie zu seinem Schutz erst ab dem Zeitpunkt ihrer Feststellung durch das Urteil des EuGH.
***Barber**: EuGH v. 17. 5. 1990 (Rs. C-262/88) Douglas Harvey Barber gegen Guardien Royal Exchange Assurance Group, Slg. I 1990, S. 1889, Rn. 40 – 45 ✐ 2.* ■

Der EuGH bejahte nicht nur die eher „formelle" prozesstechnische Frage nach der Überprüfbarkeit nationalen Rechts durch das Europäische Gericht. Er bescheinigte auch den inhaltlichen Vorrang des Europarechts vor anderslautenden nationalen Vorschriften. Dies verdeutlicht insbesondere der Fall

Simmenthal; EuGH v. 9. 3. 1978 (Rs. 106/77) Staatliche Finanzverwaltung gegen Simmenthal, Slg. 1978, S. 629 ✐ 3.

Im Fall Simmental hatte Italien ein Gesetz erlassen, welches Kontrollen von Rindfleisch vorsah. Solche Kontrollen untersagt das europäische Recht ausdrücklich. Der EuGH hält den Inhalt des italienischen Gesetzes für europarechtswidrig und damit für nichtig.

Das europäische Recht beansprucht seinen Vorrang nicht nur für bereits vor dem EWG-Vertrag bestehende nationale Rechtsnormen. Auch alle zukünftigen nationalen Rechtsnormen müssen sich an das europäische Recht halten. Damit greift das europäische Recht (unmittelbar) inhaltlich in die nationale Rechtsetzung ein.

■ *ACHTUNG!*
Der „Vorrang des Europarechts" erfasst alle Bereiche des nationalstaatlichen Handelns. D.h. er gilt nicht nur für den nationalen Gesetzgeber (Legislative). Auch alle nationalen Gerichte (Judikative) und Behörden (Exekutive) sind an das europäische Recht und mithin an seine vorrangige Geltung vor dem nationalen gebunden.
Jeder Abgeordnete, jeder Verwaltungsbeamte oder Angestellte, jeder Richter hat also europäisches Recht anzuwenden, was insbesondere dessen genaue Kenntnis voraussetzt. ■

Das Vorrangprinzip im Einzelnen

Der Grundsatz des Vorranges des europäischen Rechts vor dem nationalen gilt nicht uneingeschränkt. Das Vorrangprinzip kommt nämlich – entsprechend seinem Zweck – nur zum Tragen, wenn ein tatsächlicher Konflikt zwischen dem europäischen und dem nationalen Recht besteht. Dieser Konflikt ist dann ausgeschlossen, wenn entweder

1 beide Rechtsordnungen zu demselben Ergebnis kommen oder

2 die nationale Rechtsordnung strengere, rigidere Normen als das Europarecht enthält.

Zu 1) In der ersten Alternative scheidet das Bestehen eines Konflikts bei beiderseits gleichlautendem Recht begrifflich bereits aus.

Zu 2) In der zweiten Alternative beansprucht das europäische Recht grundsätzlich deswegen keinen Vorrang vor dem nationalen, weil die nationale Rechtsordnung durch ihre strengeren, rigideren Normen einen Sachverhalt über das europarechtlich gebotene Maß hinaus regelt und dabei die Gebote des Europarechts mehr als erfüllt. Mit der grundsätzlichen Geltung des strengeren nationalen Rechts räumt das Europarecht den Mitgliedstaaten doch noch nationale rechtliche Freiräume zur Regelung insbesondere ihrer nationalen Wirtschafts- und Kulturinteressen ein. Das inhaltlich weit über europäische Regelungsgebote hinausgehende deutsche Ladenschluss-Gesetz, die detaillierten deutschen Regelungen der Berufsausbildung in Deutschland oder die strengen Regelungen zum technischen Arbeitsschutz wären, bei einem kompromisslos durchgeführten „Vorrangprinzip" gar nicht erklärbar. Ausdrücklich legen Art. 137 Abs. 5 und 176 EGV die Möglichkeit fest, strengeres nationales Recht neben dem europäischen zu entwickeln oder aufrecht zu erhalten.

■ *ACHTUNG!*
Allerdings ist die Ausnahme vom Grundsatz des Vorrangprinzipes nur dann möglich, wenn das strengere nationale Recht nicht seinerseits gegen weitere Ziele oder Rechtspositionen des europäischen Rechts verstößt.   ■

Beispiel: Diese Konstellation lag etwa in dem „Bier-Reinheitsgebotsfall" (EuGH v. 12. 3. 1987 (Rs. 178/87), Kommission der Europäischen Gemeinschaften gegen Bundesrepublik Deutschland, Slg. 1987, S. 1227 ff.) vor: Die strengere deutsche Vorschrift zum Brauen von Bier nach dem „Reinheitsgebot" war zwar – nach dem oben Gesagten als strengere, rigidere nationale Vorschrift – zulässig. Dennoch sah der EuGH sie als unzulässig an, da ihre Anwendung gegen den europarechtlichen Grundsatz der Warenverkehrsfreiheit verstieß (zu dieser Problematik im Einzelnen siehe unten).

Der Grundsatz des „Vorranges des europäischen Rechts vor dem nationalen" lässt sich wie folgt zusammenfassen:

Übersicht 4: Die praktische Bedeutung des „Vorrangprinzipes"

	Rechts-Konstellation	europäisches Recht	nationales Recht	Ergebnis
1.	gleichlautendes Recht	Erlaubnis	Erlaubnis	Kein Anwendungsfall des Vorrangprinzips
2.	gleichlautendes Recht	Verbot	Verbot	Kein Anwendungsfall des Vorrangprinzips
3.	Europarecht strenger	Verbot	Erlaubnis	**Vorrangprinzip** (strengeres europäisches geht vor nationalem)
4.	nationales Recht strenger	Erlaubnis	Verbot	Ausnahme des Vorrangprinzips: strengeres nationales Recht gilt, trotz inhaltlich anderslautendem europäischem Recht
4a.		Erlaubnis	~~Verbot~~ europarechtswidrig	jedoch nur: sofern dieses nationale Recht nicht noch weiterhin zusätzlich(e) Ziel(e) des EG-Vertrages (etwa die Warenverkehrsfreiheit) beeinträchtigt

Ein so verstandener Vorrang des europäischen Rechts gegenüber dem nationalen eröffnet dem europäischen breiten Raum und großen gewichtigen Einfluss auf die Rechtsordnungen und das Wirtschaftsgeschehen der europäischen Mitgliedsländer:

Beispiele: Die Einflussnahme des Europarechts

Im Fall Fractofarm I greift der EuGH unmittelbar in nationales **Prozessrecht** ein:

Fractofarm I, EuGH v. 19. 6. 1990 (Rs. C-213/89) The Queen gegen Secretary for Transport ex parte Fractofarm Ltd. u.a.; Slg. I 1990, S. 2433 ✐ 4
Ein englisches Fischereigesetz verstieß aus mehreren Gründen offensichtlich gegen europäisches Recht. Ein von diesem englischen Gesetz betroffenes Unternehmen möchte aus Zeitgründen nicht erst ein langwieriges Hauptverfahren zur Feststellung der Europarechtswidrigkeit und Nichtigkeit des englischen Gesetzes durchlaufen. Es beantragt daher – im Rahmen des beschleunigten, einstweiligen Rechtsschutzes – das englische Fischereigesetz außer Kraft zu setzen. Eine Norm des englischen Prozessrechts untersagt ein solches beschleunigtes Verfahren zum Zeck der Feststellung der Nichtigkeit von englischen Gesetzen.

Der EuGH erklärte die englische Prozessnorm zum Ausschluss eines gerichtlichen Eilverfahrens selbst für europarechtswidrig. Denn das Fehlen eines beschleunigten Verfahrens widerspricht der wirksamen Durchsetzung des Europarechts auf nationaler Ebene. Da die englische Prozessnorm, die ein beschleunigtes Verfahren verbot, europarechtswidrig und damit nichtig war, durfte das englische Gericht sie nicht anwenden. Somit stand der Weg zu einem beschleunigten Verfahren auch bei einem englischen Gericht offen. Im Fall Fractofarm I greift daher das Europarecht unmittelbar in den Bestand des nationalen Prozessrechts ein und eröffnet ein nach nationalem Recht bislang nicht bestehendes prozessuales Verfahren. Den Fall Cosco kennzeichnet der Eingriff des EuGH in die Außenwirtschafts- bzw. **Entwicklungshilfepolitik** eines Mitgliedstaates:

Cosco; EuGH v. 5. 10. 1994 (Rs. C-400/92) Bundesrepublik Deutschland gegen Kommission der Europäischen Gemeinschaften (Slg. I 1994, S. 4701) ✐ 5
Die Bundesrepublik gewährte der chinesischen Reederei Cosco einen Entwicklungshilfekredit i.H.v. DM 203 Mio. Dieser Kredit dient der Finanzierung von drei in Deutschland hergestellten Containerschiffen.
Die Kommission entscheidet in ihrem Bescheid vom 31. 7. 1992, dass diese „Entwicklungshilfe" eine nach europäischem Recht (Art. 92 EGV i.V.m. Art. 4 Abs. 7 Rl. 90/684) unzulässige Beihilfe darstelle und daher aufzuheben sei. Diesen Bescheid bestätigte der EuGH.

Wie die Kommission wertete der EuGH die versprochene Entwicklungshilfe als eine gegen das Europarecht verstoßende Beihilfe und untersagte diese.

Im Fall „Van Gend en Loos" sprach der EuGH erstmals einer Norm des Europäischen Vertrages (hier dem Art. 12 EWG-V) eine **unmittelbare Wirkung des europäischen Rechts** (effet direct) **zu Gunsten des Bürgers** zu.

Van Gend en Loos; EuGH v. 5. 2. 1963 (Rs. 26/62) NV Algemene Transport- en Expedie Onderneming Van Gend en Loos gegen Nederlandse Administratie der Belastingen, Slg 1963, S. 3 ✪ 6

Das niederländische Unternehmen „Van Gend en Loos" führte Chemieprodukte aus der Bundesrepublik ein. Für diese Einfuhr erhoben die niederländischen Behörden Zoll. Das Unternehmen Van Gend en Loos beruft sich demgegenüber auf Art. 12 des am 1. 1. 1958 in Kraft getretenen EWG-V (Die Mitgliedstaaten werden untereinander weder Einfuhrzölle ... einführen).

Der EuGH gab dem Unternehmen,Van Gend en Loos Recht und untersagte die Erhebung von Einfuhrzöllen durch die niederländischen Behörden. Neu an der Entscheidung „Van Gend en Loos" ist, dass der EuGH hier einem Unternehmen – also einer nichtstaatlichen privaten Person – erstmals einen eigenen Rechtsanspruch auf Grund des EGV (nämlich nach Art. 12 EGV a.F.) zugestand.

In gleicher Weise gewährte der EuGH in Fall „Lüttike" (EuGH v. 1. 3. 1966 (Rs. 48/65) Alfons Lüttike GmbH gegen Kommission Slg. 1966, S. 28 ✪ 7) einen eigenen persönlichen Anspruch; jetzt auf Unterlassen der Einforderung von Steuern aus dem grenzüberschreitenden Vertrieb von Waren gegen ein Mitgliedsland bzw. auf Unterlassen einer entsprechenden Diskriminierung:

Lüttike; EuGH v. 1. 3. 1966 (Rs. 48/65) Alfons Lüttike GmbH gegen Kommission Slg. 1966, S. 28 ✪ 7

Ein deutscher Milchpulverlieferant musste für den Vertrieb von Milchpulver in Luxemburg an Luxemburg „Umsatzausgleichssteuer" abführen. Luxemburger Unternehmen waren seit 1956 von der Entrichtung einer entsprechenden Umsatzsteuer befreit. Der deutsche Milchpulverlieferant verlangte ebenfalls, eine Umsatzsteuer nicht zahlen zu müssen und wandte gegenüber der Luxemburger Abgabenpraxis Art. 95 EWG-V ein. Art. 95 EGV verpflichtet die Mitgliedstaaten, Diskriminierungen von Warenlieferungen auf dem Gebiet des Steuerrechts zu unterlassen.

Das Europäische Gericht sah in der Umsatzsteuerpflicht für Milchlieferanten aus anderen Mitgliedstaaten einen Verstoß gegen das Europarecht. Es verpflichtete Luxemburg zum Unterlassen der Durchsetzung dieser Vorschrift und statuierte somit eine an ein Mitgliedstaat gerichtete **Unterlassenpflicht**. Diese Verpflichtung gilt zu Gunsten des europäischen Bürgers. Dieser hat – auf Grund einer Norm ausschließlich des zwischen den Mitgliedstaaten abgeschlossenen EG-Vertrags – einen eigenen Anspruch auf Unterlassung einer steuerrechtlichen Diskriminierung.

■ *ACHTUNG!*
Der EGV wirkt nicht nur gegenüber den vertragschließenden Mitgliedstaaten. Er vermittelt in bestimmten Fällen – im Gegensatz zu den meisten völkerrechtlichen Verträgen – auch einem einzelnen europäischen Bürger (sei es einem einzelnen Menschen [natürliche Person], sei es einer juristischen Person [z.B. einer Aktiengesellschaft bzw. einer GmbH oder einem Unternehmen]) einen unmittelbaren Anspruch.
Dieser unmittelbare Rechtsanspruch des europäischen Bürgers besteht nicht nur gegenüber seinem Heimatstaat, sondern gerade auch gegenüber einem anderen europäischen Mitgliedsland oder gegenüber den Europäischen Gemeinschaften. ■

Europäisches Recht fordert nicht nur dann seine vorrangige Geltung vor dem nationalen Recht, wenn es – wie in den vorangestellten Fällen – aus den Europäischen Verträgen (hier dem EGV) stammt. Auch europäische Verordnungen oder Richtlinien beanspruchen Vorrang vor dem nationalen Recht. Auch diese europäischen Rechtsquellen (sog. „Sekundärrecht") können in gleicher Weise wie das Vertragsrecht (sog. „Primärrecht") dem europäischen Bürger eigene Ansprüche gewähren. Dies hat der EuGH besonders anschaulich im Fall „Leonesio" festgestellt und Frau Leonesio einen eigenen Zahlungsanspruch gegen ihren Heimatstaat auf Grund des europäischen Rechts zugewiesen:

Leonesio; EuGH v. 17. 5. 1972 (Rs. 93/71) Orsolina Leonesio gegen Ministero dell'agricoltura e forste, Slg. 1972, S. 287 ◈ 8
Die italienische Bäuerin, Frau Leonesio, schlachtete 5 ihrer Kühe. Sie verlangt hierfür vom italienischen Staat eine „Schlachtprämie". Eine europäische Verordnung gewährte ihr diese Prämienzahlung. Der italienische Staat verweigerte jedoch die Zahlung der Prämie mit der Begründung, dass im italienischen Recht hierfür derzeit keine rechtliche Grundlage bestehe.

Im Fall Leonesio statuierte der EuGH erstmals ausdrücklich das Recht eines Bürgers, eine nach nationalem Recht nicht bestehende Prämie nicht allein auf Grund des europäischen Rechts zu verlangen. Das Gericht schuf daher eine Zahlungs- bzw. **Handlungspflicht** eines europäischen Mitgliedslands gegenüber dem einzelnen Bürger. Auch europäische Verordnungen und/oder Richtlinien (Einzelheiten s. unten) greifen massiv in die Rechtslage der Mitgliedsländer ein.

Der Einfluss des europäischen Rechts beschränkt sich dabei nicht nur auf Fragen des sog. klassischen Wirtschaftsrechts wie Steuern, Abgaben und Subventionen. Alle Rechtsgebiete, z.B. auch das Warenkennzeichnungs-, das Gefahrgut-, das Arbeits-, das Gesellschafts- und das Strafrecht sind vom Europarecht betroffen. Im Fall Ratti (Ratti; EuGH v. 5. 4. 1979 (Rs. 148/78) Ministère public gegen Tulio Ratti, Slg. 1979, S. 1629 ✧ 9) – dazu im Einzelnen später – griff der EuGH sogar in das Strafrecht eines Mitgliedstaats entscheidend ein. Der EuGH wandte sich gegen die Bestrafung eines italienischen Bürgers, nachdem er die italienische Strafrechtslage für europarechtswidrig erklärte. Das europäische Recht kann sogar die Verfassung eines Mitgliedstaats ändern. Aufsehen hat die Wirkung des europäischen Rechts und seines Vorranges im Fall Kreil erregt:

Kreil; EuGH v. 11. 1. 2000 (Rs. C-285/98) Tanja Kreil gegen Bundesrepublik Deutschland ✧ 10

Frau Kreil bewarb sich bei der deutschen Bundeswehr um die Stelle „Instandsetzung/Elektronik". Ihre Bewerbung weist die Bundeswehr mit dem Argument zurück, dass nach deutschem Verfassungsrecht (Art. 12a Grundgesetz) Frauen generell vom Dienst mit der Waffe ausgeschlossen sind.

Der EuGH sah in der generellen Zurückweisung von Frauen von allen waffentechnischen Tätigkeiten einen unverhältnismäßigen Verstoß gegen das europäische Gleichbehandlungsrecht nach Art. 2 der Richtlinie 76/207/EWG. Die verfassungsrechtliche Norm des Grundgesetzes war daher europarechtswidrig und somit nichtig. Das Europarecht greift hier sogar unmittelbar in das Verfassungsrecht eines Mitgliedstaatsein und zwang den deutschen Gesetzgeber zur Änderung seiner Verfassung.

Der Eingriff des Europarechts in das Grundgesetz ist nicht unproblematisch. Rechtlicher Erklärungsbedarf ergibt sich speziell dann, wenn das Europarecht in jenes nationale Verfassungsrecht eingreift, das dem Einzelnen Grund- und/oder Bürgerrechte vermittelt. Speziell hier stellt sich die Frage, ob tatsächlich der Einfluss des Europarechts so weit gehen darf, den nationalen Grundrechtsschutz eines Bürgers eines Mitgliedstaatszu berühren. Zudem ist fraglich, ob der EuGH die Möglichkeit haben soll, über Grundrechtsfragen zu befinden. Das Problem stellt sich in besonderem Maße, da hier ein demokratisch nur mittelbar legitimiertes europäisches Gericht über Grundrechte befindet, die ein demokratisch legitimierter Mitgliedstaat seinen Bürgern garantiert. Dieser in den Jahren heftig und kontrovers diskutierte Konflikt verdeutlicht die Notwendigkeit eines einheitlichen europäischen Grundrechtskatalogs und der unmittelbareren Besetzung europäischer Organe durch die europäischen Bürger.

✎ Die lange ziemlich unübersichtliche Entscheidungsgeschichte des Bundesverfassungsgerichts zu dieser Frage in den Entscheidungen „Solange I II und III", „Vielleicht", „Mittlerweile; „EURO-CONTROL", „Maastricht" etc. gibt Übersicht 5 auf der CD wieder.

3. Die Formen des Rechts der Europäischen Gemeinschaften

Bislang war von verschiedenen Rechtsquellen des europäischen Rechts die Rede. In der Tat besteht das „Europarecht" nicht nur aus dem Recht der Verträge, sondern aus einer ganzen Reihe unterschiedlicher Rechtsquellen. Zu ihnen zählen:

– das Völkerrecht

– das europäische Recht der Verträge (Primärrecht)

– das europäische Sekundärrecht mit seinen

– Verordnungen und

– Richtlinien sowie

– das europäische Richterrecht und

– das europäische Gewohnheitsrecht

Diese Rechtsquellen stehen zueinander in einem typischen Rangverhältnis:

Übersicht 6: Ordnung der Rechtsquellen des Europarechts

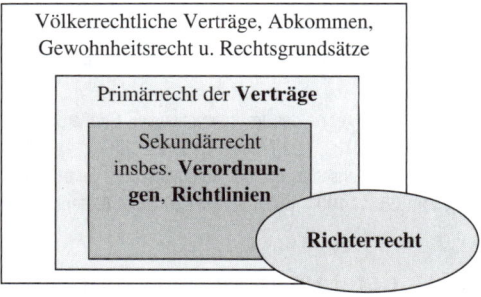

Das Völkerrecht

Vorrangige Rechtsquelle des Europarechts ist das Völkerrecht mit seinen völkerrechtlichen Verträgen, Abkommen, Gewohnheitsrechten und Rechtsgrundsätzen. Dieses geht im Rang dem europäischen Recht der Verträge und dem daraus abgeleiteten Recht vor. Kein nachrangiges Europarecht darf daher gegen das Völkerrecht verstoßen. Wichtigste Rechtsquelle des Völkerrechts sind insbes. die völkerrechtlichen Verträge bzw. Abkommen. Im Europarecht bestehen sie zwischen:

- den Staaten der Europäischen Gemeinschaften untereinander
- einzelnen Mitgliedsländern und den Europäischen Gemeinschaften
- einzelnen Mitgliedsländern und Drittstaaten sowie sonstigen völkerrechtsfähigen Organisationen (Rotes Kreuz, Malteser etc.)
- den Europäischen Gemeinschaften und Drittstaaten sowie sonstigen völkerrechtsfähigen Organisationen

Beispiele der im Europarecht zu beachtenden völkerrechtlichen Abkommen sind:

- Konvention zum Schutze der Menschenrechte und Grundfreiheiten, vom 4. 11. 1950 (Europäische Menschenrechtskonvention) (EMRK), (BGBl. II. 1954, S. 14)
- Europäische Sozialcharta, vom 18. 10. 1961 (BGBl. II. 1964, S. 1262)
- Internationaler Pakt über wirtschaftliche, soziale und kulturelle Rechte, vom 19. 12. 1966 (BGBl. II 1973, S. 1570)

- Europäische Übereinkommen zur Verhütung von Folter und unmenschlicher oder erniedrigender Behandlung oder Strafe vom 26. 11. 1987 (BGBl. II 1987, S. 947; BGBl. 1989, S. 946)
- Allgemeine Erklärung der Menschenrechte vom 10. 12. 1948 (GOAR III Resolutions (UN-DOC. A/810) S. 71)
- Europäisches Übereinkommen ü. die Arbeit des im internationalen Straßenverkehr beschäftigten Fahrpersonals (AETR) v. 1. 7. 1970 (BGBl. II 1985, S. 889)
- Übereinkommen zum Schutze der Menschen bei der automatischen Verarbeitung personenbezogener Daten vom 28. 1. 1981 (BGBl. II. 1981, S. 539) (Datenschutzkonvention)

Das „Primärrecht" der Europäischen Verträge

Seine inhaltlich entscheidendste Prägung findet das Europarecht durch die Europäischen Verträge und hier insbesondere durch den EGV: Da der EURATOM-Vertrag einen sehr speziellen Inhalt hat und der EGKS-Vertrag zum 22.7.2002 ausgelaufen ist, kommt den Regelungen des EG-Vertrages heute eine besondere Bedeutung zu. Es sind insbesondere die sog. „Europäischen Grundfreiheiten", die das Wirtschaftsleben in den Europäischen Gemeinschaften sowie in jedem europäischen Mitgliedstaat entscheidend gestalten.

Übersicht 7: Europäische Grundfreiheiten

- Warenverkehrsfreiheit (Art. 28 ff. EGV)
- Arbeitnehmerfreizügigkeit (Art. 39 ff. EGV)
- Niederlassungsfreiheit (Art. 43 ff. EGV)
- Dienstleistungsfreiheit (Art. 49 ff. EGV)
- Kapital- und Zahlungsverkehrsfreiheit (Art. 56 ff. EGV)

Einfluss auf das gesamtwirtschaftliche Geschehen im Europäischen Binnenmarkt und die Volkswirtschaften seiner Mitgliedstaaten üben speziell die Bereiche des europäischen Kartell-, Wettbewerbs- und Beihilferechts (Art. 81 ff.) sowie des sich immer mehr rechtlich verselbstständigenden Verbraucherschutzes (Art. 153 EGV) aus.

Neben der eigenen Regelung einzelner Rechtsbereiche enthält der EGV Kompetenzzuweisungen an die Organe der Europäischen Gemeinschaften zum Erlass von europäischen Rechtsakten; vorzugsweise in Form von Verordnungen und Richtlinien.

Übersicht 8: Die wichtigsten Kompetenznormen des EG-Vertrages zum europäischen Wirtschaftsrechts

Artikel des EGV	Adressat	Rechtsetzungs-Instrumente und Regelungsgebiet
40, 42	Rat im Verfahren nach Art. 215 EGV	Rechtsnormen (Verordnungen und Richtlinien) zur Herstellung und Gewährung der Arbeitnehmer-Freizügigkeit
44, 46 [55]		Richtlinie zur Verwirklichung der Niederlassungsfreiheit (und Dienstleistungsfreiheit)
47 Abs. 1 und 2		Richtlinie zur Anerkennung von Diplomen bzw. Berufsausbildung
83 [89]	Rat mit qualifizierter Mehrh. auf Vorschlag der Kommission u. Anhörung des Europäischen Parlaments	Verordnungen und Richtlinien zur Vermeidung unternehmerisch wettbewerbsbeschränkenden Verhaltens, des Missbrauchs einer marktbeherrschenden Unternehmensstellung sowie Durchführungs-Verordnungen gegen unzulässige staatl. Beihilfen
94	Rat einstimmig auf Vorschlag der Kommission und Anhörung des Europäischen Parlaments im Verfahren nach Art. 250 EGV	Richtlinien zur Harmonisierung des europäischen Wirtschaftsrechts
95	Rat im Verfahren nach 215	Maßnahmen zur Harmonisierung des europäischen Wirtschaftsrechts
141 Abs. 3		Gleichbehandlung (insbes. bezügl. Arbeitnehmer-Entgelt)
137 Abs. 1		Mindeststandards: (Gesundheit, Arbeitssicherheit, Information und Anhörung berufl. Eingliederung, Chancengleichheit und Gleichbehandl. v. Arbeitnehmern)
137 Abs. 2	Rat einstimmig im Verfahren nach Art. 250 EGV	Soziale Sicherheit; Beendigung des Arbeitsverhältnisses, Mitbestimmung, Mitwirkung, Beschäftigungsförderung
153 Abs. 1	Rat im Verfahren nach 215	Maßnahmen (Verordnung und Richtlinien) zur Unterstützung, Überwachung, Ergänzung der Verbraucherschutzpolitik der Mitgliedstaaten
308 (Generalermächtigung)	Rat einstimmig auf Vorschlag der Kommission und Anhörung des Europäischen Parlaments im Verfahren nach Art. 250 EGV	geeignete Vorschriften zur Verwirklichung von Zeilen des EGV bei fehlenden Vertragsnormen

Des Weiteren besteht die Rechtsetzungskompetenz des Rats zur Regelung der Gemeinsamen **Verkehrspolitik** (Art. 71, 75 Abs. 2, 80 Abs. 2), der **Kultur** (Art. 151 Abs. 5), des **Gesundheitswesens** (Art. 152 Abs. 4), Leitlinien zum Aufbau u. Unterhalt transnationaler **Informationsnetze** (Art. 156), Bestimmungen zur Gründung und zum Betrieb **Gemeinschaftseigener Unternehmen** zum Zweck der Durchführung von Gemeinschaftsprogrammen, zur Forschung und/oder zur technologischen Entwicklung (Art. 172), **Umweltpolitik** (Art. 175) .

✎ Eine ausführliche Darstellung der Rechtsetzung in den verschiedenen Verfahren [(Vorschlagsverfahren (Art. 250 EGV); Verfahren der Zusammenarbeit (Art. 252 E-V) und Verfahren der Mitentscheidung Art. 251 EGV)] sowie der Kompetenz der Organe der Gemeinschaften (Rat/Kommission/Parlament) siehe Übersicht 3 auf der CD.

Die europäische Verordnung

Die europäische Verordnung gilt (als europäisches Recht) ohne weiteres in den Mitgliedstaaten der Europäischen Gemeinschaften. Sie wirkt **unmittelbar** für und gegen die in ihr Begünstigten und Verpflichteten (Art. 249 Abs. 2 EGV). Dies können sowohl Bürger untereinander als auch der Mitgliedstaat selbst sein. Damit greift die europäische Verordnung direkt in die Rechtsordnungen der Europäischen Mitgliedstaaten ein.

Beispiele Europäischer Verordnungen

- Verordnung (EG) Nr. 2560/2001 des Europäischen Parlaments und des Rates vom 19. Dezember 2001 über grenzüberschreitende Zahlungen in Euro (ABl. (= Amtsblatt) L, Nr. 344 vom 28/12/2001 S. 0013 – 0016)

- Verordnung (EG) Nr. 2465/96 des Rates vom 17. Dezember 1996 über die Unterbrechung der wirtschaftlichen und finanziellen Beziehungen zwischen der Europäischen Gemeinschaft und Irak (ABl. L, Nr. 337 vom 27/12/1996 S. 0001 – 0003)

- Verordnung (EWG) Nr. 880/1992 des Rates vom 23.3.1992 betreffend ein gemeinschaftliches System zur Vergabe eines Umweltzeichens (ABl. L, Nr. 099 vom 11/04/1992 S. 0001 - 0007)

- Verordnung (EG) Nr. 40/1994 des Rates vom 20.12.1993 über die Gemeinschaftsmarke (ABl. L, Nr. 11 vom 14/01/1994 S. 0001 - 0036)

- Verordnung 1768/92/EWG des Rates vom 18.6.1992 über die Schaffung eines ergänzenden Schutzzertifikates für Arzneimittel (ABl. L, Nr. 182 vom 02/07/1992 S. 0001 - 0005)

- Verordnung (EWG) Nr. 4064/89 des Rates vom 21. Dezember 1989 über die Kontrolle von Unternehmenszusammenschlüssen [Fusionskontroll-Verordnung] (ABl. L, Nr. 395 vom 30/12/1989 S. 0001 – 0012; berichtigte Fassung ABl. L, Nr. 257 vom 21.09.1990 S.13 mit Änderungen durch die Verordnung (EG) Nr. 1310/97 des Rates vom 30. Juni 1997 (ABl. L, Nr. 180 vom 09.07.1997 S.1); berichtigte Fassung (Amtsblatt L 40 vom 13.02.1998)

Auf Grund ihrer unmittelbaren Rechtswirkung kommt im Europarecht das Rechtsetzungsinstrument der Verordnung nur selten vor. Die europäischen Organe möchten mit ihrer Zurückhaltung im Erlass von Verordnungen nicht in das nationale Recht der Mitgliedstaaten unmittelbar eingreifen.

Die europäische Richtlinie

Die europäische Richtlinie richtet sich ausschließlich an die Mitgliedstaaten. Weder gewährt sie damit dem europäischen Bürger unmittelbare eigene Rechtspositionen, noch verpflichtet sie diesen. Eine europäische Richtlinie verpflichtet lediglich die Mitgliedstaaten, den Inhalt der europäischen Richtlinie in ihr nationales Recht umzusetzen (Art. 249 Abs. 3 EGV).

Übersicht 9: Die Rechtswirkung einer europäischen Richtlinie

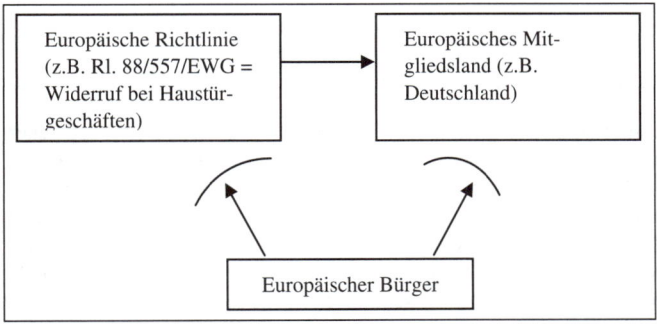

Hinsichtlich der Wahl der Form der Umsetzung der Richtlinie sind die Mitgliedstaaten frei. Eine europäische Richtlinie kann daher als Gesetz, Rechtsverordnung oder unter Umständen sogar als Satzung umgesetzt sein. Ebenfalls kann der nationale Gesetzgeber den Inhalt einer europäischen Richtlinie in eine oder in mehrere verschiedene Gesetze bzw. Rechtsquellen umsetzen oder mehrere europäische Richtlinien lediglich in ein nationales Gesetz gießen (Beispiele siehe Seite 25). Lediglich der Zeitraum der Umsetzung einer europäischen Richtlinie ist den Mitgliedstaaten in der Regel – mit 2 bis 3 Jahren – vorgeschrieben.

Durch ihre Umsetzung ändert der Inhalt der europäischen Richtlinie seine Rechtsqualität. Er wird zum nationalen Recht. Erst nach erfolgter Umsetzung in das nationale Recht ist der Inhalt die europäische Richtlinie – als nationales Recht – für den Bürger verbindlich. Denn nach ihrer Umsetzung ist sie nämlich zum nationalen Recht seines Mitgliedstaatsgeworden.

Übersicht 10: Die Rechtswirkung des Richtlinien-Rechts gegenüber dem Bürger

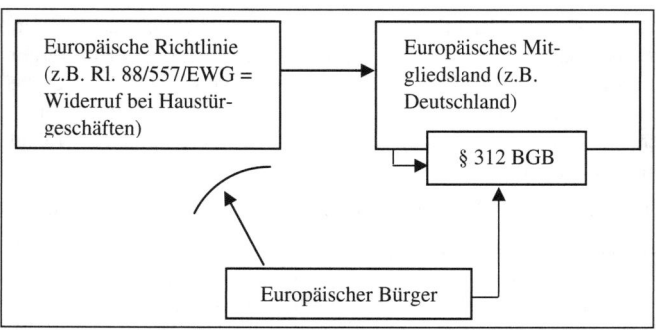

Durch Notwendigkeit der Beteiligung der nationalen Gesetzgeber zur „Verbindlichkeit des Richtlinien-Inhaltes" greift die europäische Richtlinie weit weniger in die Rechtsetzungskompetenz der Mitgliedstaaten als die europäische Verordnung ein. Die Rechtsetzung durch europäische Richtlinien nimmt daher speziell im europäischen Wirtschaftsrecht einen breiten Raum ein. Wichtige Beispiele für den europäischen Wirtschaftsverkehr sind insbesondere:

Beispiele Europäischer Richtlinien

Europäische Richtlinie	Umsetzung ins deutsche Recht
Richtlinie 88/557/EWG betreffend den Verbraucherschutz im Falle von außerhalb von Geschäftsräumen geschlossenen Verträgen (ABl. 1985, Nr. L 372, S. 31 ff.)	§ 312 BGB
Richtlinie 85/374 des Rates vom 25. 7. 1985 zur Angleichung der Rechts- und Verwaltungsvorschriften der Mitgliedstaaten über die Haftung für fehlerhafte Produkte (ABl. L 210, S. 29) in der durch die Richtlinie 1999/34/EG des Europäischen Parlamentes und des Rates v. 10. 5. 1999 geänderten Fassung (ABl. L 141, S. 20)	Gesetz über die Haftung für fehlerhafte Produkte (Produkthaftungsgesetz)
Richtlinie 77/187/EWG zur Angleichung der Rechtsvorschriften der Mitgliedstaaten über die Wahrung von Ansprüchen der Arbeitnehmer beim Übergang von Unternehmen, Betrieben oder Betriebsteilen, vom 14. 2. 1977 (ABl. 1977, Nr. L 61, S. 26)	§ 613a BGB
Richtlinie 98/37/EG des Europäischen Parlaments und des Rates vom 22. 6. 1998 zur Angleichung der Rechts- und Verwaltungsvorschriften der Mitgliedstaaten für Maschinen (ABl. L, Nr. 207, S. 1)	Gerätesicherheits-Gesetz und Maschinen-Verordnung
Richtlinie 97/66/EG des Europäischen Parlamentes und des Rates vom 15. Dezember 1997 über die Verarbeitung personenbezogener Daten und den Schutz der Privatsphäre im Bereich der Telekommunikation (ABl. L, Nr. 24, S. 1 ff.)	Bundes-Datenschutzgesetz, Datenschutzgesetze der Länder
Richtlinie 97/7/EG des Europäischen Parlaments und des Rates vom 20. 5. 1997 über den Verbraucherschutz bei Vertragsabschlüssen im Fernabsatz (Fernabsatz-Richtlinie) (ABl. L 1997, Nr. 144, S. 19 ff.)	insbes. § 312b ff. BGB
Richtlinie 2000/31/EG des Europäischen Parlaments und des Rates vom 8. 6. 2000 über bestimmte rechtliche Aspekte der Dienste der Informationsgesellschaft, insbes. des elektronischen Geschäftsverkehrs	insbes. § 312 e BGB

im Binnenmarkt (sog. E-Commerce-Richtlinie) (ABl. L 2000, Nr. 178, S. 1 ff.)	
Richtlinie für elektronische Signaturen getan (Richtlinie 1999/93/EG des Europäischen Parlaments und des Rates vom 13. Dezember 1999 über gemeinschaftliche Rahmenbedingungen für elektronische Signaturen; ABl. L 013 vom 19.01.2002, S. 12 ff.).	§ 126a BGB und Signaturgesetz
Richtlinie 93/13/EWG des Rates v. 5. 4. 1993 über missbräuchliche Klauseln in Verbraucherverträgen (ABl. L 95, S. 29)	§§ 305 ff. BGB
Richtlinie 76/207/EWG zur Verwirklichung des Grundsatzes der Gleichbehandlung von Männern und Frauen hinsichtlich des Zugangs zur Beschäftigung, zur Berufsausbildung und zum beruflichen Aufstieg sowie in Bezug auf die Arbeitsbedingungen, vom 9. 2. 1976 (ABl. 1976, Nr. L 39, S. 40)	§ 611a BGB

Folgen einer pflichtwidrig nicht umgesetzten Richtlinie

Ist der nationale Gesetzgeber hinsichtlich der Umsetzung einer europäischen Richtlinie weitgehend frei und nur an deren Inhalt und Vorgabe der Umsetzungszeit gebunden, so fragt man sich doch, welche Rechtsfolgen eintreten, wenn der nationale Gesetzgeber eine europäische Richtlinie nicht, nicht in der hierfür vorgesehenen Zeit oder nicht vollständig umsetzt:

Keine belastende Wirkung der nicht umgesetzten Richtlinie im Verhältnis Bürger/Staat

Da die Wirkung einer europäischen Richtlinie für und gegen den Bürger erst mit deren Umsetzung ins nationale Recht eintritt, könnten Mitgliedsländer geneigt sein, sich ihrer Pflicht zur Umsetzung der Richtlinie zu entziehen und so eine ihnen missliebige europäische Rechtslage nicht in ihr nationales Recht umzusetzen.

Ein wirksames „Duckmittel", mit dem die Europäischen Gemeinschaften das Mitgliedsland zur Umsetzung zwingen könnten, gibt es nicht. Der EuGH hat dem Verhalten im Fall Ratti vorgebeugt. Er gewährt hier dem europäischen Bürger ausnahmsweise die unmittelbare Wirkung der europäischen Richtlinie, obschon das europäische Mitgliedsland diese eben (noch) nicht in nationales Recht ungesetzt hat:

Ratti; EuGH v. 5. 4. 1979 (Rs. 148/78) Ministère public gegen Tulio Ratti, Slg. 1979, S. 1629 ✪ 9

Der europäische Gesetzgeber hat die Richtlinie des Rates 73/173/EWG v. 4. 6. 1973 zur Angleichung der Rechts- und Verwaltungsvorschriften der Mitgliedstaaten für die Einstufung, Verpackung und Kennzeichnung von Zubereitungen gefährlicher Stoffe (Lösungsmittel) (ABl. 1973 L, Nr. 189, S. 7 ff.) erlassen. Diese enthält Kennzeichnungsvorschriften für gefährliche Stoffe. Das italienische Warenkennzeichnungsrecht (des Gesetzes Nr. 245) sieht gegenüber der europäischen Richtlinie strengere Kennzeichnungsvorschriften und sogar die Bestrafung für den Fall vor, dass der Verpflichtete dieser strengen Kennzeichnungspflicht nicht nachkommt.

Ein italienisches Gericht verurteilte Herrn Ratti wegen eines Verstoßes gegen die strengeren italienischen Kennzeichnungsvorschriften. Das mildere europäische Recht der Richtlinie ließ das italienische Gericht unbeachtet. Denn der italienische Gesetzgeber hatte die europäische Richtlinie nicht in nationales Recht umgesetzt, obschon die 18-monatige Frist zur Umsetzung der Richtlinie 73/173/EWG bereits am 8. 12. 1974 abgelaufen war.

Der EuGH bejaht grundsätzlich die Möglichkeit der nationalen Gesetzgeber, rigidere Vorschriften neben dem europäischen Recht aufzustellen (siehe oben). In diesem Fall verstoßen die strengeren nationalen Regelungen jedoch gegen das europäische Recht; insbesondere gegen den Wortlaut, die Systematik und den Zweck der Richtlinie, das Kennzeichnungsrecht für oben genannte Produkte für den gesamten europäischen Markt zu vereinheitlichen. So würden Verbraucher irritiert und gefährdet, ließe man unterschiedliche nationale Kennzeichnungen für gefährliche, gesundheitsschädliche Produkte in jedem einzelnen europäischen Mitgliedstaat doch wieder zu. Somit gebührt der Richtlinie 73/173/EWG der Vorrang gegenüber dem italienischen Gesetz Nr. 245.

Den Umstand, dass die Richtlinie selbst grundsätzlich keine unmittelbare Wirkung gegenüber Bürgern hat und auch noch nicht in nationales (hier italienisches) Recht) umgesetzt war, sieht der EuGH als unbeachtlich an: Denn der italienische Staat hat die Richtlinien 73/173/EWG nicht fristgerecht ungesetzt. Die Richtlinie 73/173/EWG gewährt dem Bürger die unbedingte und hinreichend bestimmte Vergünstigung geringerer Kennzeichnungsanforderungen. Italien durfte sich daher nach Ablauf der Umsetzungsfrist für die Richtlinie 73/173/EWG nicht zu Lasten des Bürgers auf sein eigenes Fehlverhalten, nämlich der nichtfristgerechten Umsetzung der Richtlinie 73/173/EWG in das italienische Recht berufen. Italienische Gerichte können also nicht (mehr) die strenge (gegen das Richtlinien-Recht verstoßende) italienische Norm anwenden. Herr Ratti war somit freizusprechen.

Aus der Entscheidung Ratti ergibt sich:

Eine europäische Richtlinie wirkt dann unmittelbar zu Gunsten des europäischen Bürgers wenn

1 die (nicht umgesetzte) Richtlinie

2 eine dem Einzelnen zustehendes Recht i.S. einer den Bürger individuell begünstigenden Rechtsposition enthält und

3 die Richtlinien-Vorschrift diese hinreichend klar und bestimmt zum Ausdruck bringt („self executing norm").

■ *ACHTUNG!*
Stets gesondert zu prüfen ist Punkt 2: Hier gilt es, durch Auslegung einer Norm zu ermitteln, ob diese dem einzelnen Bürger eine (individuelle) Rechtsposition verschaffen will, oder ob sie sich nur an die Allgemeinheit begünstigend wendet. Keine individuell begünstigende Rechtsposition haben grundsätzlich Richtlinien-Normen des Natur- und Umweltschutzes. Eine eigene Rechtsposition des Einzelnen ist demgegenüber in der Regel gegeben bei Normen des Verbraucherschutzes (siehe unten Fall Dori). ■

Der EuGH verfolgt mit seiner Rechtsprechung folgenden Gedanken: Es wäre ein Missbrauch des Rechts, wenn sich der Staat auf sein eigens pflichtwidriges Verhalten (nämlich die nichtfristgerechte Umsetzung der europäischen Richtlinie) berufen könnte, um die Wirkung der europäischen Richtlinie dem Bürger (dem sie bei pflichtgemäßem Verhalten zu Gute gekommen wäre) zu versagen.

Aus diesem Grundsatz ergibt sich bereits, dass der pflichtwidrig unterlassende Staat sich nie auf eine nicht umgesetzte europäische Richtlinie zum Nachteil des Bürgers berufen kann. Denn sonst würde der Bürger für die negativen Folgen des Fehlverhaltens seines Mitgliedstaatshaften. Dies darf nicht sein, denn der Staat und nicht der einzelne Bürger hat Einfluss auf die rechtzeitige Umsetzung der europäischen Richtlinie in nationales Recht.

Der EuGH hat im Fall „Marshall I" (EuGH v. 26. 2. 1986 (Rs. 152/84) M. H. Marshall gegen Southhampton and South-West Hampshire Area Helth Authority, Slg. 1986, S. 723 ✒ 11) ausdrücklich festgestellt, dass sich der Bürger zwar gegenüber dem Staat unter den o.g. Voraussetzungen auf die nicht rechtzeitig umgesetzte Richtlinie berufen kann. Die staatlicherseits unterlassene Umsetzung einer Richtlinie schaffe aber selbst keine Verpflichtungen für den einzelnen Bürger gegenüber dem Staat. Eine nicht rechtzeitig umgesetzte Richtlinie hat daher keine „Direkt"-Wirkung zu Lasten des Bürgers (so auch EuGH v. 19. 1. 1982 (Rs. 8/81) Ursula Becker gegen Finanzamt Münster-Innenstadt, Slg. 1982, S. 53) ✆ 12.

Keine belastende Wirkung der nicht umgesetzten Richtlinie im Verhältnis Bürger/Bürger

Ebenso wie eine unmittelbare Wirkung einer nicht umgesetzten Richtlinie den Bürger im Verhältnis zum Staat nicht belasten darf, kann die unmittelbare Wirkung einer staatlicherseits pflichtwidrig nicht umgesetzen Richtlinie auch nicht die Bürger in ihrem Verhältnis untereinander nachteilig treffen. Denn auch in dieser Konstellation trifft den Bürger keine Verantwortung an der Nichtumsetzung (siehe oben). Dieses Ergebnis stellt der EuGH seit seiner Entscheidung im Fall Dori klar:

Dori; EuGH v. 14. 7. 1994 (Rs. C-91/92) Paola Faccini Dori, Slg. I 1994, S. 3225 ✆ 13. Vor dem Hauptbahnhof von Milano spricht ein Straßenhändler Frau Dori an. Diese bestellt daraufhin kurzerhand bei ihm einen Sprachkurs. Als sie sich zu Hause besinnt, möchte sie das Geschäft rückgängig machen. Die europäische Richtlinie 88/557/EWG sieht einen solchen Widerruf bei „Haustür und Straßengeschäften" vor (zur deutschen Rechtslage siehe § 321 BGB). Die Richtlinie 88/557/EWG ist jedoch vom italienischen Gesetzgeber pflichtwidrig nicht in italienisches Recht umgesetzt worden.
Würde die nicht umgesetzte Richtlinie 88/557/EWG eine unmittelbare Wirkung entfalten, wäre der Sprachhändler oder/und das den Sprachkurs vertreibende Unternehmen durch die Möglichkeit des Widerrufs des Geschäfts benachteiligt. Dies darf nicht sein, nachdem diesem Bürger bzw. dem Unternehmen nicht der Vorwurf der verspäteten oder nicht erfolgten Umsetzung der Richtlinie gemacht werden kann.
Der EuGH verneint daher eine unmittelbare Wirkung pflichtwidrig nicht umgesetzter europäischer Richtlinien auch im Verhältnis des Bürgers zu einem anderen Bürger (horizontales Verhältnis). Frau Dori kann daher keine Rechte aus der nicht

umgesetzten Richtlinie herleiten. Sie durfte somit den Kauf des Sprachkurses nicht widerrufen und musste ihn auch vollständig bezahlen.

■ *ACHTUNG!*
Es gibt keine belastende Wirkung einer pflichtwidrig nicht umgesetzten europäischen Richtlinie zum Nachteil des Bürgers.
Weder der Staat („vertikales Verhältnis") noch ein anderer Bürger („horizontales Verhältnis") können sich auf zu Lasten eines Bürgers auf eine vermeintliche unmittelbare Wirkung einer nicht umgesetzten europäischen Richtlinie berufen. ■

Der „europäische Schadenersatzanspruch"

Das Ergebnis im Fall Dori erscheint zunächst unbefriedigend. Denn nun trüge doch wieder ein Bürger einen Schaden aus dem Versäumnis eines Mitgliedstaates. Der EuGH korrigiert dieses Ergebnis: Er gibt dem Bürger, der nun durch die Nichtumsetzung der Richtlinie geschädigt ist, einen eigenen Schadenersatzanspruch gegenüber dem pflichtwidrig nicht umsetzenden Staat:

Dieser Schadenersatzanspruch hat folgende Voraussetzungen:

1 Ein Mitgliedstaat der Europäischen Gemeinschaften hat
2 eine europäische Richtlinie
3 pflichtwidrig (auf ein Verschulden kommt es nicht an. EuGH v. 5. 3. 1996 (Rs. C-46/93) brasserie du pêcheur gegen Bundesrepublik Deutschland, Slg. I 1996, S. 1029 ff., Rn. 78 ff.) ◈ 14
4 in der hierfür vorgeschriebenen Zeit (i.d.R. 2 oder 3 Jahre)
5 nicht in sein nationales Recht umgesetzt.
6 Die europäische Richtlinie enthält eine inhaltlich hinreichend bestimmte Norm,
7 die dem Bürger einen eigenen unmittelbaren Anspruch i.S.e. eigenen Rechtsposition gewährt.
8 Dieser Anspruch ist nicht vom Eintritt weiterer Bedingungen abhängig (6 - 8 = *self executing norm*).
9 Es muss dem Bürger ein Schaden entstanden sein.
10 Die Nichtumsetzung der Richtlinie ist für den Eintritt des Schadens und seiner Höhe ursächlich.

Im Fall Dori hat der EuGH Frau Dori einen Schadenersatzanspruch i.H.d. Kaufpreises für den Sprachkurs gegenüber dem italienischen Staat zugesprochen. Denn

Italien hat die Richtlinie, die Frau Dori bei deren pflichtgemäßer Umsetzung einen eigenen, unbedingten und auch hinreichend bestimmten Anspruch auf Widerruf dieses „Haustürgeschäftes" gäbe, nicht – wie es seine Pflicht gewesen wäre – in der hierfür vorgeschriebenen Umsetzungsfrist in sein geltendes Recht umgesetzt. Den Schaden, den Frau Dori bei der ganzen Sache hat, ist der Kaufpreis, den sie – wegen der Nichtumsetzung der Richtlinie 88/557/EWG – nun an den Händler bzw. den Sprachkurshersteller zahlen muss. Dieser Schaden ist auch durch die Nichtumsetzung der Richtlinie verursacht.

Siehe auch **El Corte**; EuGH v. 7. 3. 1996 (Rs. C-192/94) El Corte Inglés SA gegen Christina Blázquez Rivero. abgedr. in NJW 1996, S. 1401 f.; EuGH Slg. 1996, S. I-1281 ✍ 15; vergl. auch **Francovich**; EuGH, v. 19. 11. 1991 (Rs. C-6/90 und C-9/90) Andrea Francovich, u.a. gegen Italienische Republik, Slg. 1991, S. I-5357 ✍ 16; **Dillenkofer**; EuGH v. 8. 10. 1996 (Rs. C-178/94, C-179/94, C-188/94, C-189/94, C- 190/94) Dillenkofer u.a. gegen Bundesrepublik Deutschland; EuGH Slg. 1996, S. I-4845 ✍ 17.

■ *ACHTUNG! Problem der Abgrenzung!*
Bitte beachten Sie: Bei der Überprüfung von Sachverhalten nicht um-
gesetzter Richtlinien geht der EuGH in zwei Schritten vor:
Zunächst verneint er eine unmittelbar den Bürger (im horizontalen
Verhältnis) belastende unmittelbare Wirkung der Richtlinie.
Dann spricht er demjenigen Bürger, zu dessen Gunsten die europäi-
sche Richtlinie (Schutz-)Rechte beinhaltet, einen Schadenersatzan-
spruch zu.
Bei dieser Vorgehensweise ändert sich die Qualität des Anspruchs:
Vom einem – in der Richtlinie ausgedrückten – Leistungs- oder Unter-
lassensanspruch wandelt er sich in einen Schadenersatzanspruch. ■

✍ Einen Fall mit Musterlösung enthält die CD.

Entscheidungen, Empfehlungen und Stellungnahmen

Entscheidungen, Empfehlungen und Stellungnahmen stellen keine Rechtsnormen des Europarechts dar. Denn **Entscheidungen** (der Kommission) richten sich nur an den in ihnen bestimmten Adressaten und sind auch nur für diesen verbindlich (Art. 249 Abs. 4 EGV).

Empfehlungen und **Stellungnahmen** haben keinerlei Verbindlichkeit. Nationale Gerichte, Behörden sowie der EuGH und die Kommission können sie allenfalls zur Auslegung unbestimmter Rechtsbegriffe heranziehen. Insbesondere im Fall der Verwendung einer Empfehlung bzw. Entscheidung bei der Auslegung durch den EuGH erlangen sie Verbindlichkeit als „Richterrecht".

Das europäische Gewohnheitsrecht

Gewohnheitsrecht entsteht durch dauerhaften, zwischen den Rechtsanwendern übereinstimmenden Gebrauch. Gewohnheitsrecht spielt im europäischen Recht kaum noch eine Rolle. Denn „geschriebenes Recht" tritt an seine Stelle.

Das Richterrecht des EuGH

Einen mittlerweile eindrucksvollen eigenständigen Stellenwert innerhalb der Rechtsquellen des europäischen Rechts nimmt das Richterrecht ein. Es entsteht, wenn der EuGH über die ihm vorgelegte Einzelfälle entscheidet.

✎ Zur Darstellung des EuGH, seiner Funktionen und Zuständigkeitsgebiete im Einzelnen siehe Übersicht 3 auf der CD.

Zwar betrifft die Entscheidung und ihre rechtliche Bindung nur die Parteien des Rechtsstreites. In seinen Entscheidungen gibt der EuGH jedoch Grundsätze des europäischen Rechts bekannt. Diese übernehmen die nationalen Gerichte, denn auch sie sind an europäisches Recht gebunden. Auf diese Weise bildet die Rechtsprechung des EuGH eine eigene Rechtsquelle (Case-Law). Dies gilt nicht nur für die Entscheidungen, die der EuGH im **Vertragsverletzungsverfahren** oder im Fall einer **Nichtigkeits-** und **Unterlassensklage** trifft. Speziell hier setzt sich der EuGH mit den Pflichten der Mitgliedstaaten aus den Europäischen Verträgen auseinander. Sondern gerade auch in dem **Vorabentscheidungsverfahren**: Beim Vorabentscheidungsverfahren kann/muss ein nationales Gericht eine Frage nach der Auslegung des europäischen Rechts vorlegen, wenn es zur Entscheidung eines Rechtsstreits auf diese Frage ankommt (Beispiel Ratti).

Übersicht 11: Verfahrensarten des EuGH

Verfahrensart	Klagebefugnis	Verfahrensgegenstand
Vertragsverletzungsklage (Art 226 f. EGV)	Kommission (226 EGV) Mitgliedsländer (227 EGV)	Verstoß eines Mitgliedslands gegen Vertrag
Nichtigkeitsklage (Art 230 EGV)	- Mitgliedsländer - Kommission - Rat - Europäisches Parlament - Bürger und Unternehmen, sofern sie unmittelbar und individuell betroffen sind	Aufhebung von rechtswidrigen Rechtsakten der Kommission oder des Rats
Untätigkeitsklage (Art. 232 EGV)	- Mitgliedsländer - Kommission - Rat - Europäisches Parlament	Klage auf Vornahme eines Rechtsakts durch Kommission oder Rat
	Bürger und Unternehmen	Feststellung der Rechtswidrigkeit des Nichterlasses eines an den Kläger zu adressierenden Rechtsaktes
Schadenersatzklage (Art. 235; 288 Abs. 2 EGV)	Bürger und Unternehmen	Schadenersatz für rechtswidriges Handeln eines Bediensteten oder eines Organs der EG im Zusammenhang mit deren Amtstätigkeit
Beamtenklagen (Art 236 EGV)	- Organ der EG - Beamte der EG (ggf. Hinterbliebene)	Alle Streitigkeiten aus Dienstverhältnis
Vorabentscheidung (Art 234 EGV)	nationale Gerichte	Gültigkeit und Auslegung europäischen Rechts

Die brisante Frage der inhaltlichen Bindung nationaler Gerichte im Vorabentscheidungsverfahren an die Rechtsprechung des EuGH bzw. der Vorlagepflicht nationaler Gerichte beantwortet Übersicht 12. Auch bei dem Konflikt zwischen richterlicher Unabhängigkeit und der Geltung europäischen Rechts gilt das „Vorrangprinzip".

Übersicht 12: Das Verhältnis zwischen nationaler Rechtsprechung und der des EuGH im Vorabentscheidungsverfahren (Art. 234 EGV)

EuGH	Nationales Ober-Gericht (letzte Instanz)		Nationales Gericht (untere Instanzen)	
Beantwortung der Frage und Zurückverweis an das vorlegende Gericht zur Endentscheidung. Selbstentscheid im Ausnahmefällen möglich.	Vorlage-Möglichkeit Vorlage-Pflicht, wenn nat. Ober-Gericht von Rechtsprechung des EuGH abweichen will	Aussetzung des Verfahrens bis zur Entscheidung des EuGH	Vorlage-Möglichkeit	Aussetzung des Verfahrens bis zur Entscheidung des EuGH
	Die Nichtbeachtung der Vorlagepflicht = Verletzung des grundgesetzlich geschützten Anspruches auf den „gesetzlichen Richter" (BVerfG v. 13. 6. 1977 - 1 BvR 210/95), ggf. Vertragsverletzungklage Art. 227, Art. 228		Nichtbeachtung europäischen Rechts = Rechtsanwendungsfehler, Korrektur im nationalen Instanzenweg; bis zu den nationalen Obergerichten (diese haben dann eine Vorlagepflicht) (s. Sparte 2)	

❧ Eine zusammenfassende Übersicht über die Rechtsquellen des europäischen Rechts und deren Wirkungen finden Sie in Übersicht 13 auf der CD.

❧ Die Möglichkeit der Kontrolle der vorangegangenen Ausführungen bieten die interaktiven Fragen auf der CD (Test 2).

4. Die Warenverkehrsfreiheit

Der EGV eröffnet den Bürgern in Art. 28 ff. einen eigenen Rechtsanspruch auf Übertragung von Gütern von einem Mitgliedsland zum anderen. (Damit ist die Warenverkehrsfreiheit für das europäische Wirtschaftsrecht (Europäischer Binnenmarkt) die wohl bedeutendste Garantie aus Art. 28 ff. EGV.) Die Warenverkehrsfreiheit gibt dem europäischen Bürger einen eigenen Anspruch auf freien Vertrieb von Waren in andere Mitgliedsländer.

Sie gewährleistet den ungehinderten Zugang zu Märkten anderer europäischen Mitgliedstaaten und damit das Funktionieren des Europäischen Binnenmarktes. Diese Funktion übt Art. 28 EGV durch zwei Verbote aus: So untersagt Art. 28 Abs. EGV den Mitgliedstaaten jede Einschränkung des freien Warenverkehres durch

1 mengenmäßigen Einfuhrbeschränkungen und
2 Maßnahmen gleicher Wirkung

Bei den „mengenmäßigen Einfuhrbeschränkungen" (i.S.d. Art. 28 EGV) handelt es sich um die Bedienung der Einfuhr von Waren zwischen den Mitgliedstaaten, die quantitativ zu bemessen ist.

Beispiel: Die Kontingentierung einer Ware nach Stückzahlen, deren Gewicht oder Volumen.

Während der Tatbestand der mengenmäßigen Einfuhrbeschränkungen leicht zu erfassen ist, ergeben sich erhebliche Schwierigkeiten bei der Bestimmung der zweiten Verbotsalternative, der „Maßnahme gleicher Wirkung" i. S. d. Art 28 EGV. Festlegung (des Begriffes) der „Maßnahmen gleicher Wirkung" in Art. 28 EGV. Fest steht bei dem unbestimmten Merkmal der „Maßnahmen gleicher Wirkung", dass die staatlichen Maßnahmen dieselbe Wirkung wie eine mengenmäßige Einfuhrbeschränkung haben muss.

Wann eine solche gleiche Wirkung vorliegt, hat die Rechtsprechung des EuGH mittels Auslegung dieses unbestimmten Tatbestandsmerkmals zu entscheiden.

Der EuGH beschäftigte sich grundlegend mit dieser Frage, wann eine nationale Anordnung – hier das Verlangen eines Herkunftszeugnisses – eine „Maßnahme gleicher Wirkung" im Sinne des Art. 28 EGV darstellt:

Dassonville, EuGH v. 11. 7. 1974 (Rs. 8/74) Procureur du Roi gegen Benoît et Gustave Dassonville. Slg. 1974, S. 837 ff., 852 ◈ 18

Zur Einfuhr von Whisky in Belgien verlangen die dortigen Zollbehörden die Vorlage eines Herkunfts- bzw. Ursprungszeugnisses des Whiskys. Damit soll – bereits bei der Einfuhr des Getränkes – sichergestellt werden, dass die belgischen Verbraucher einen Whisky

a) direkt aus dem Herstellerland beziehen,

b) der die besonderen Qualitätsmerkmale seines Herstellungsorts aufweist.

Der belgische Importeur Dassonville sieht in der Notwendigkeit der Beschaffung solcher Zeugnisse ein Handelshemmnis, welches gegen das (sein) Recht auf freien Warenverkehr verstößt.

Der EuGH ging in seiner Entscheidung sehr weit. Er fasst als „Maßnahme gleicher Wirkung" i.S.d. Art. 28 EGV „jede Handelsregelung der Mitgliedstaaten, die geeignet ist, den innergemeinschaftlichen Handel unmittelbar oder mittelbar, tatsächlich oder potentiell zu behindern" (sog. **Dassonville-Formel**).

Folgerichtig hielt der EuGH die nationale Anforderung an den Importeur, ein Echtheits- oder Herkunftszeugnis zu stellen, für eine Maßnahme gleicher Wirkung i.S.d. Art. 28 EGV. Diese Maßnahme war auch nicht zu rechtfertigen: Da ein Echtheits- oder Herkunftszeugnis von einem „ausländischen" Importeur ausländischer Waren (der die Waren auf dem ausländischen Markt erwirbt, um sie dann einzuführen) i.d.R. schwerer zu beschaffen sei als von einem Importeur, der die ausländische Ware direkt aus dem Ausland einführt („Direktimporteur") ➜ (unzulässige Diskriminierung). Somit ist die nationale generelle Forderung nach einem Herkunftszeugnis europarechtswidrig und damit nichtig.

Die Diskriminierung ausländische Produkte kann in zwei alternativen Spielarten auftreten, der offenen Diskriminierung und der versteckten Diskriminierung. Eine zusammenfassende Gesamtübersicht über die verschiedenen Möglichkeiten der Eingriffe in die Warenverkehrsfreiheit durch nationale Maßnahmen enthält Übersicht 14:

Übersicht 14: Die von Art. 28 EGV erfassten Tatbestände der Warenverkehrsfreiheit

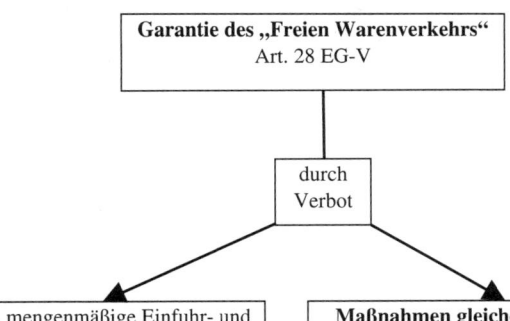

Garantie des „Freien Warenverkehrs"
Art. 28 EG-V

durch
Verbot

mengenmäßige Einfuhr- und Ausfuhrbeschränkungen

Maßnahmen gleicher Wirkung

offenen Diskriminierung

z.B. Aufforderung, nur landeseigene Produkte zu erwerben („Buy Irish" oder nur italienische Geräte in italienischen Behörden)

versteckte Diskriminierung

Zulassung ausschließlich nationaler Verpackungs- bzw. Kennzeichnungsarten (z.B. Würfelmargarine, Clinique)

Zulassung nur von Produkten, die nationalen Qualitätsstandards entsprechen (z.B. Wolldecken, Reinheitsgebot, Eiernudeln)

nationale technische Hindernisse (z.B. nichtkompatible Stecker, auf Grund nat. Rezeptur transportunfähiger Dünger)

Werbung
(als Vorstufe des Warenabsatzes)
INNO; Oosthoek's

Eine sog. „versteckte Diskriminierung" ist schwieriger auszuma-
chen, gerade für diese kommt die Dassonville-Formel zum Tragen,
denn sie unterstellt alle nationalen Maßnahmen (seien sie gesetzge-
berischer, gerichtlicher oder verwaltungstechnischer Art) dem Anwendungsbereich des Art. 28, die auch nur geeignet sind, den Warenaustausch mittelbar und potenziell zu behindern. Zu den sog.
versteckten Diskriminierungen zählen neben technischen Hinder-
nissen auch Produktions- und nationale Warenkennzeichnungsvor-
schriften.

Deutsches Reinheitsgebot; EuGH v. 12. 3. 1987 (Rs. 178/87) Kommission der
Europäischen Gemeinschaften gegen Bundesrepublik Deutschland, Slg. 1987, S.
1227

In Deutschland besteht seit 1516 ein Gebot (heute § 9 Biersteuer-Gesetz,) nach
dem Bier nur aus Malz mit Hilfe von Hefe, Wasser und Hopfen gebraut werden
darf (Reinheitsgebot). „Biere", die unter anderem mit Geschmacksmanipulatoren
und Konservierungsmitteln versetzt sind, dürfen auf dem deutschen Markt nicht
vertrieben werden (§ 10 Biersteuer-Gesetz).

Der EuGH sieht in dem Ausschluss von im europäischen Ausland produzierten
Bieren, welche dem strengen deutschen Reinheitsgebot nicht genügen, eine
unzulässige Diskriminierung des Imports des ausländischen Bieres nach
Deutschland. Die deutsche Rechtslage verstößt daher gegen die Warenverkehrsfreiheit aus Art. 28 EGV.

Vergl. auch: **Drei Glocken**, EuGH v. 14. 7. 1988 (Rs. 407/85) Drei Glocken
GmbH und Kritzinger gegen USL Centro-Sud und Provincia Autonoma di Bolzano,
Slg. 1988, S. 4233 ✐ 19

Der Effekt, der diese Entscheidung auf die nationalen Bierbrauer
und Biervertreiber hat, ist wirtschaftspolitisch umstritten, er ist aber
nicht dem europäischen Recht zuzuschreiben, sondern liegt an dem
Zusammenspiel nationaler und europäischer Normen (siehe oben):
Die strengere Norm ist insofern gültig, als sie nicht gegen (weiteres)
europäisches Recht verstößt. Der Verstoß der deutschen Rechtslage
gegen das europäische Recht bezieht sich aber auf das Verbot des
Imports und Vertriebes von ausländischem Bier (nur für diesen
Tatbestand gilt Art. 28 EGV). Auf Fragen des rein nationalen inner-
deutschen Bierbrauens und Handelns ist die Warenverkehrsfreiheit
des Art. 28 EGV nicht anwendbar. Folglich unterstehen die ausländischen Bierimporte dem Recht der Warenverkehrsfreiheit, während nationales Bierbrauen und der nationale innerdeutsche Bier-

vertrieb dem Reinheitsgebot der §§ 9, 10 BStG weiter verpflichtet sind. Durch diese Rechtslage entsteht eine sog. Inländer-Ungleichbehandlung oder Inländerdiskriminierung, die inländische Sachverhalte und einheimische Bürger und Unternehmen schlechter stellt als ausländische, die sich – denn nur die Letzteren dürfen sich – auf die Warenverkehrsfreiheit des Art. 28 EGV berufen.

Diese in vielen anderen Zusammenhängen bekannte Tatsache der Inländer-Ungleichbehandlung hat wirtschaftlich u. a. dazu geführt, dass zahlreiche Unternehmen dem strengeren inländischen Recht fliehen, im europäischen Ausland produzieren und dann ihre Produkte – nun unter dem Schutz des Art. 28 EGV – ins Inland einführen. Das Reinheitsgebot verliert daher de facto immer mehr an Wirksamkeit. Der EuGH hat sich bemüht, das Reinheitsgebot zumindest als werbeträchtiges Argument zu „retten". Ausdrücklich stellt der EuGH fest, dass es nach wie vor zulässig sein muss auf dem Etikett (werbend) den Konsumenten darauf hinzuweisen, dass dieses Bier nach den strengeren deutschen Vorschriften, nämlich nach dem Reinheitsgebot, gebraut worden ist (Rn. 35).

Einschränkung der (weiten) Dassonville-Formel

Die Verwendung der Dassonville-Formel ist extrem weit gefasst. Sie erklärt praktisch jede nationale Maßnahme, welche grenzüberschreitenden Warenverkehr in irgendeiner Weise berührt, zu einer Maßnahme gleicher Wirkung. (Denn jedes auch noch so beiläufige nationale Eingreifen oder jede Aktion, die auch nur am Rande mit den grenzüberschreitenden Verkehr von Produkten zu tun haben könnte, stellt eine mitgliedstaatliche Maßnahme dar, die – i.S.d. weiten Dassonville-Formel – zumindest geeignet ist, den Warenverkehr mittelbar und zumindest potenziell zu behindern.) Die inhaltlich weite Dassonville-Formel unterwirft somit nahezu jede nationale Handlung dem Verbot des Art. 28 ff. EGV. Damit wird sie als Definition und Abgrenzungsmerkmal inhaltsleer.

Die Gefahr ist umso größer, als die Dassonville-Formel des EuGH nicht erst Maßnahmen erfasst, die den Verkauf des Produkts oder seinen Übertritt über die Grenze zu einem Mitgliedsland betreffen. In den Fällen Oosthoek's und INNO (EuGH v. 7. 3. 1990 (Rs. C-362/88) ✎ 20) und Aragonesa sieht der EuGH bereits die Behinderung der Werbung für ein Produkt aus einem anderen Mitgliedstaat als eine Maßnahme gleicher Wirkung i.S.d. Art. 28 EGV (Krimphove: Europäisches Wertberecht, S. 58 ff.). Die Werbung, isoliert betrachtet, ist eine Dienstleistung. Zur rechtlichen Prüfung einer nationalen Einschränkung der Werbung nach europäischem Recht wäre somit die Dienstleistungsfreiheit des Art. 49 ff. EGV in Betracht zu ziehen. Der EuGH sieht allerdings – gerade mit der weiten Dassonville-Formel – nationale Begrenzungen der „Werbung" für eine Ware als Behinderung des Warenabsatzes selber an: Denn ein nationales Werbeverbot ist zumindest mittelbar und potenziell geeignet, den Absatz der Ware in einem anderen Mitgliedstaat zu behindern. Werbung für eine Ware unterliegt daher als „Vorstufe" des Warenabsatzes der Prüfung nach der Warenverkehrsfreiheit des Art. 28 EGV (zu Parallelproblematik der Werbung für Dienstleistung siehe unten).

Nach den weiten Ergebnissen der Dassonvile-Formel ist es nicht verwunderlich, dass der EuGH in der Folgezeit seiner Entscheidungen den Wirkungsbereich Dassonville-Formel eingeschränkt hat:

Einschränkung des Anwendungsbereichs des Art. 28 EGV aus sozialpolitischen Gründen

Eine weitere inhaltliche Beschränkung seiner weiten Dassonville-Formel nahm der EuGH im Fall Oebel vor:

Nachtbackverbot; EuGH v. 14. 7. 1981 (Rs. 155/80) Sergius Oebel (Strafsache), Slg. 1981, S. 1993 ✪ 21

Der deutsche Bäcker Oebel hatte gegen das deutsche Nachtbackverbot verstoßen und war deswegen bestraft worden. Gegen diese Bestrafung trägt er vor, dass ein deutsches Nachtbackverbot unzulässig sei: Da es in der EG ausschließlich dieses Verbot gibt, benachteilige es allein deutsche Unternehmen und verstoße gegen die Warenverkehrsfreiheit.

Zwar könnte auch das deutsche für Bäckereien und Konditoreien bestehende Nachtbackverbot eine nationale, nämlich deutsche Maßnahme sein, die geeignet ist den mitgliedstaatlichen Warenaustausch (hier von Backwaren) potenziell und zumindest mittelbar zu behindern. Der EuGH schließt jedoch grundsätzlich „wirtschafts- und sozialpolitische Erwägungen" eines Mitgliedstaatsals „Maßnahme gleicher Wirkung" i.S.d. Art. 28 aus (Rn 12).

Offenbar möchte der EuGH den Mitgliedsländern mit dieser Rechtsprechung einen Freiraum an kultureller und sozialpolitischer Eigenständigkeit erhalten. In diesen Zusammenhang fällt ebenfalls die Problematik des deutschen Ladenschlussgesetzes.

(siehe siehe dazu EuGH v. 20. 6. 1996 (Semeraro Casa Uno Srl gegen Sindaco del Comune di Erbusco (C-418/93), Semeraro Mobili SpA gegen Sindaco del Comune di Erbusco (C-419/93), RB Arredamento Srl gegen Sindaco del Comune di Stezzano (C-420/93), Città Convenienza Milano Srl gegen Sindaco del Comune di Trezzano sul Naviglio (C-421/93), Città Convenienza Bergamo Srl gegen Sindaco del Comune di Stezzano (C-460/93), Centro Italiano Mobili Srl gegen Sindaco del Comune di Pineto (C-461/93), Il 3C Centro Convenienza Casa Srl gegen Sindaco del Comune di Rovere-do in Piano (C-462/93), Benelli Confezioni SNC gegen Sindaco del Comune di Capena (C-464/93), M. Quattordici Srl gegen Commissario straordinario del Comune di Terlizzi (C-9/94), Società Italiana Elettronica Srl (SIEL) gegen Sindaco del Comune di Dozza (C-10/94), Modaffari Srl gegen Sindaco del Comune di Trezzano sul Naviglio (C-11/94), Modaffari Srl gegen Comune di Cinisello Balsamo (C-14/94), Cologno Srl gegen Sindaco del Comune di Cologno Monzese (C-15/94), Modaffari Srl gegen Sindaco del Comune di Osio Sopra (C-23/94), M. Dieci Srl gegen Sindaco del Comune di Madignano (C-24/94) und Consorzio Centro Commerciale "Il Porto" gegen Sindaco del Comune di Adria (C-332/94) ✎ 22. Ersuchen um Vorabentscheidung: Pretura circondariale di Roma - Italien. Auslegung der Artikel 30, 36 und 52 EG-Vertrag, der Richtlinien 64/223/EWG und 83/189/EWG - Verbot der Ausuebung bestimmter geschaeftlicher Taetigkeiten an Sonn- und Feiertagen. Verbundene Rechtssachen C-418/93, C-419/93, C-420/93, C-421/93, C-460/93, C-461/93, C-462/93, C-464/93, C-9/94, C-10/94, C-11/94, C-14/94, C-15/94, C-23/94, C-24/94 und C-332/94, EuGH, Slg. 1996, I-2975)).

Die Rechtfertigungsgründe des Art. 30 EGV

Eine weitgehende Begrenzung der Warenverkehrsfreiheit findet sich im EGV selbst. So schränken die in Art. 30 EGV aufgeführten Gründe die Berufung auf die Warenverkehrsfreiheit ein.

Übersicht 15: Rechtfertigungsgründe der Einschränkung der Warenverkehrsfreiheit (Art. 30)

- Gründe der öffentlichen Sittlichkeit, Ordnung und Sicherheit
- zum Schutze der Gesundheit und des Lebens von Menschen, Tieren und Pflanzen
- Schutz des nationalen Kulturgutes
- Schutz des gewerblichen und kommerziellen Eigentums

Die Beschränkung der Warenverkehrsfreiheit zum Schutz der öffentlichen Sittlichkeit und Ordnung

Über einen Fall, in dem ein Mitgliedsland in die Warenverkehrsfreiheit zu Recht eingreifen konnte, hatte der EuGH im Fall Henn zu urteilen:

Henn; EuGH v. 14. 12. 1979 (Rs. 34/79) Regina gegen Maurice Donald Henn und John Frederick Ernest Darby, Slg. 1979, S. 3795 ⊘ 23

Herr Henn möchte einen ganzen LKW voller Schriftwerke und Filme pornographischen Inhalts nach Großbritannien einführen; was ihm prompt durch die englischen Behörden auf Grund des Custom Consolidation Act aus dem Jahre 1876 verwehrt wird. Herr Henn beruft sich auf die Warenverkehrsfreiheit.

Dies geht natürlich nicht: Auf Grund seines anstößigen Charakters verstößt das Produkt gegen die öffentliche Sittlichkeit. Diese ist nach Art. 30 (auch) gegenüber dem Grundsatz der Warenverkehrsfreiheit zu schützen. Das britische Einfuhrverbot war daher nach Art. 28 EGV nicht unzulässig.

Interessant – hier aber letztlich nicht zu beantworten – ist die Frage, nach welchen Standards der Sittlichkeit derartige Sacherhalte zu beurteilen sind: Nach dem nationalen des einführenden Landes, dem des ausführenden Landes oder nach einem (wie auch immer gearteten) europäischen Sittlichkeitsverständnis.

Die Interessenabwägung speziell in der Fallgruppe des „Geistigen Eigentums"

Oft besteht das Bedürfnis, die widerstrebenden Interessen (der Warenverkehrsfreiheit einerseits und die des sie einschränkenden rechtfertigenden Grundes) möglichst nebeneinander zur Geltung zu bringen. So ist es insbesondere auch beim „Geistigen Eigentum" als Rechtfertigungsgrund zur Einschränkung der Warenverkehrsfreiheit i.S.d. Art. 28 EGV.

Die Warenverkehrsfreiheit darf nämlich einerseits nicht dazu führen, dass Erfinder (von Produkten, Inhabern von Produktnamen bzw. Warenzeichen) ihren Schutz der exklusiven Nutzung ihres geistigen Eigentums verlieren. Anderenfalls könnten Unternehmen ihre Forschungs- und Entwicklungsaufwendungen nicht Gewinn bringend amortisieren. Sie verlören ihre Motivation zur Forschung und Produktentwicklung. Gesamtwirtschaftlich stürbe in einer Volkswirtschaft ohne Patente, Marken- und Warenzeichenschutz die Forschung neuer Produkte und Technologien aus. Der Schutz der Erfindung muss daher – trotz bestehender Warenverkehrsfreiheit – gewährleistet bleiben. Gebietsabsprachen welche den Vertrieb eines lizenzierten Produkts in einem bestimmten Territorium schützen müssen daher auch dann zulässig sein, wenn sie sich auf das Gebiet eines Mitgliedstaatsbeziehen.

Auf der anderen Seite darf der Schutz des geistigen Eigentums nicht dazu führen, dass Unternehmen bzw. Inhaber von Warenzeichen den Markt mittels ihrer Rechte, d.h. Lizenzen, abschotten. In diesem Fall wäre insbesondere für Art. 28 EGV kein Raum.

Zwischen diesen Interessengegensätzen, dem Schutz des geistigen Eigentums einerseits und der Warenverkehrsfreiheit andererseits, nimmt der EuGH insbesondere seit dem Fall Centrafarm I eine interessante Abwägung vor und kommt zu folgendem Ergebnis:

Centrafarm I: EuGH v. 20. 5. 1976 (Rs. 104/75) Officier van Justictie gegen Adrian de Peijper, Geschäftsführer der Firma Centrafarm B.V. und Intercen B.V., Slg. 1976, S. 613 ✪ 24

Das niederländische Unternehmen Centrafarm B.V. erwarb von einem englischen „Lizenznehmer" des Schweizer Konzernunternehmens Hoffmann La Roche das Medikament „Valium". Centrafarm B.V. beabsichtigte, dieses Medikament in die Niederlande einzuführen, um es auf dem niederländischen Markt – unter der Bezeichnung „Valium" – verkaufen zu können. Auf dem niederländischen Markt vertreiben bereits der Schweitzer Konzern Hoffmann La Roche bzw. dessen niederländischer Lizenznehmer das Medikament unter dem für sie geschützten Warenzeichen „Valium".

Da Centrafarm B.V. nicht die für eine Einfuhr in die Niederlande erforderlichen Kontrollzeugnisse für die Menge Valium vorlegen konnte [Kontrollzeugnisse sind nur vom Hersteller (der schweizerischen Hoffmann La Roche) auszustellen], verweigerten die niederländischen Behörden eine Einfuhr dieses Valiums.

Eindeutig fällt das niederländische Einfuhrverbot unter die Dassonville-Formel. Denn die Importuntersagung ist nicht nur geeignet, sie greift auch tatsächlich und unmittelbar in die Möglichkeit des grenzüberschreitenden Warenaustausches ein.

Der Einwand des Herstellers Hoffmann La Roche, es bestehe ein exklusiver Schutz seines Warenzeichenrechts (zur Verhinderung der Parallelimporte desselben Medikaments aus den Niederlanden) wäre grundsätzlich möglich, um den exklusiven Schutz des Inhabers dieses Warenzeichens zu gewährleisten. Hier verneint der EuGH dem Hersteller und Warenzeichen-Inhaber, dem schweizerische Unternehmen Hoffmann La Roche, diesen Einwand. Denn das Herstellerunternehmen selbst hat das Medikament „Valium" unter gerade diesem Warenzeichen auf den Europäischen Binnenmarkt gebracht. Der Schutz des Warenzeichens ist mit dem freiwilligen Inverkehrbringen des Produkts auf dem Europäischen Binnenmarkt erschöpft (sog. Erschöpfungsgrundsatz). Das Warenzeichen steht somit nicht mehr der Anwendung des Art. 28 EGV entgegen. (Das schweizerische Unternehmen Hoffmann La Roche konnte sich folglich ggü. dem Grundsatz der Warenverkehrsfreiheit nicht mehr auf den Schutz ihres Warenzeichens Valium in den Niederlanden berufen.) Die Parallelimporte desselben Medikaments in die Niederlande durch das Unternehmen Centrafarm B.V. waren daher zulässig.

Weitere Rechtfertigungsgründe zur Einschränkung der Warenverkehrsfreiheit („Cassis de Dijon")

Der EuGH erweiterte in seiner Rechtsprechung die Rechtfertigungsgründe des Art. 30 EGV und schränkte so den Anwendungsbereich der weiten Dassonville-Formel wiederum ein:

Cassis de Dijon; EuGH v. 20. 2. 1979 (Rs. 120/78) Rewe-Zentral AG gegen Bundesmonopolverwaltung für Branntwein, Slg. 1979, S. 649 ⊘ 25
Dem Unternehmen Rewe verweigerten die deutschen Behörden die Einfuhrerlaubnis für den französischen Johannisbeerlikör „Cassis de Dijon". Als Begründung gaben die Behörden an, „Cassis de Dijon" erreiche keinen Mindestalkoholanteil von 25 %. Aus Gründen des Verbraucherschutzes darf in Deutschland kein Fruchtsaftlikör unter 25 % Mindestalkoholanteil gehandelt werden.
Der EuGH erkannte gem. der weiten Dassonville-Formel einen Verstoß gegen die Warenverkehrsfreiheit für gegeben. Dessen Rechtfertigung durch das Erfordernis „des Schutzes der Gesundheit" i.S.d. Art. 30 EGV lehnte der EuGH ab: Insbesondere ist das Argument der deutschen Regierung, niedrig alkoholisierte Getränke führten leichter zu einer Gewöhnung als höherprozentige, nicht stichhaltig.
Dann setzt der EuGH weitere Rechtfertigungsgründe für Hemmnisse des Binnenhandels fest, die sich aus unterschiedlichen nationalen Vermarktungsregelungen ergeben. So seien derartige nationale Handelshemmnisse erlaubt, wenn sie der Durchsetzung „zwingender Erfordernisse" dienten. Als solche zwingende Erfordernisse erachtet der EuGH insbesondere eine wirksame steuerliche Kontrolle, den – bereits im Wortlaut des Art. 30 EGV enthaltenen – Schutz der öffentlichen Gesundheit sowie die Lauterkeit des Handelsverkehrs und den Verbraucherschutz (Rn 8). Hier stand allein das Merkmal der Lauterkeit des Handelsverkehrs zur Entscheidung. Dessen Beeinträchtigung und somit die Untersagung des Vertriebs von Cassis de Dijon lehnte der EuGH als unverhältnismäßig ab. Denn bereist die

relativ einfache Unterrichtung der Kunden durch Angabe des Alkoholanteils auf der Verpackung kann die Markttransparenz sicherstellen.

Folgende Gründe rechtfertigen nach der Rechtsprechung des EuGH im Fall „Cassis de Dijon" neben denen in Art. 30 EGV genannten einen Eingriff in die Warenverkehrsfreiheit:

Übersicht: 16: Rechtfertigungsgründe der Einschränkung der Warenverkehrsfreiheit nach der Entscheidung Cassis de Dijon

1 wirksame steuerliche Kontrolle
2 die Lauterkeit des Handelsverkehrs
3 der Verbraucherschutz

Die Einschränkung der Warenverkehrsfreiheit aus Gründen der Medien- und Meinungsvielfalt („Familia-press")

Im Fall Familiapress entwickelte der EuGH (wie auch im Fall Cassis de Dijon) einen weiteren (sehr speziellen) Rechtfertigungsgrund zur Eingrenzung der weiten Dassonville-Formel und des Anwendungsbereiches des Art. 28 EGV. Dieser besteht in der Aufrechterhaltung der Meinungs- und Medienvielfalt und gilt speziell für den Vertrieb der Ware Zeitung bzw. gegenständlicher Informationsmedien:

Familiapress: EuGH v. 26. 6. 1997 (Rs. C-368/95) Vereinigte Familiapress Zeitungsverlags- und Vertriebs GmbH gegen Heinrich Bauer Verlag, Slg. I 1997, S. 3689 ✎ 26

Der Heinrich Bauer Verlag gibt in Deutschland die Wochenzeitschrift „Laura" heraus, die er auch in Österreich vertreibt. Die Zeitschrift enthält regelmäßig Kreuzworträtsel bei denen man Geldbeträge in Höhe von 500,- bis 5.000,- DM gewinnen kann. § 9 a Nr. 1 des österreichischen Gesetz gegen den unlauteren Wettbewerb untersagt Preisausschreiben in periodisch wiederkehrenden Druckwerken. In dem Prozess, in dem der Heinrich Bauer Verlag auf Unterlassen verklagt wird, legt das zuständige Handelsgericht Wien dem EuGH die Frage zur Vorabendscheidung vor, ob die österreichische Rechtslage gegen die Warenverkehrsfreiheit verstößt.

Der EuGH verneint dies im Grundsatz. Zwar bejaht er einen Eingriff in die Warenverkehrsfreiheit durch das österreichische Preisrätselverbot. Dieser Eingriff ist aber durch Gründe der Aufrechterhaltung von Medienvielfalt gerechtfertigt. Wie die Republik Österreich und die Kommission vortragen, ist die Medienvielfalt dadurch beeinträchtigt, dass immer mehr Anbieter von periodischen Druckwerken den Wettbewerb dadurch verstärken, dass sie in periodischen Druckwerken umfangreiche Zugaben und Preisausschreiben mit z.T. hohen Gewinnmöglichkeiten anbieten. Insbesondere kleine Anbieter könnten an diesem Trend nicht partizipieren und würden langfristig vom Markt verdrängt. Der EuGH betont die große Bedeutung der Medienvielfalt insbesondere als Garant der „Meinungsfreiheit" i.S.d. Art. 10 der Europäischen Menschenrechtskonvention (EMRK) (siehe oben) und damit deren rechtfertigende Wirkung. Um zu untersuchen, ob tatsächlich durch Gewinnspiele Kunden anderer Konkurrenzverlage abgezogen werden und somit die Medienvielfalt beeinträchtigt wird, hat der EuGH die Sache an das österreichische Gericht zurückverwiesen.

Der Grundsatz der Verhältnismäßigkeit

Selbst wenn eine nationale Maßnahme nach Art. 30 EGV oder denen durch den EuGH in den Fällen „Cassis de Dijon und „Familiapress" entwickelten Gründe gerechtfertigt ist, bedeutet dies nicht, dass der nationale Eingriff auch rechtmäßig ist. Der Eingriff muss nämlich noch „verhältnismäßig" sein. Dieser Grundsatz zieht sich durch alle europäischen Rechtsordnungen. Er ermöglicht eine an sich gerechtfertigte Einschränkung der Warenverkehrsfreiheit dann für unzulässig zu erklären, wenn die Einschränkung unverhältnismäßig ausfällt. Damit bildet der Grundsatz eine inhaltliche Sperre, die individuelle Rechtsposition der Warenverkehrsfreiheit bei Vorliegen eines Rechtfertigungsgrundes vollständig einzuschränken. Der Grundsatz der Verhältnismäßigkeit führt daher ein „graduelles Element" in die Beurteilung der Rechtmäßigkeit nationaler Maßnahmen ein und erscheint als „Korrektiv" der Ergebnisse der Rechtfertigungsprüfung.

> ■ *ACHTUNG!*
> *Verhältnismäßigkeit i.d.S. bedeutet: Der nach Art. 30 EGV gerechtfer-*
> *tigte nationale Eingriff in die Warenverkehrsfreiheit muss*
> **1. erforderlich** *sein, um rechtfertigende Situation herbeizuführen,*
> **2. geeignet** *um rechtfertigendes Ziel zu erreichen,*
> **3. verhältnismäßig** *sein,*
> *d.h. es muss die Relation zwischen dem angestrebten Zweck der*
> *Rechtfertigung und dem gewählten Mittel der Einschränkung der Wa-*
> *renverkehrsfreiheit stimmen. Insbesondere darf die an sich (nach Art. 30*
> *EGV) gerechtfertigte nationale Maßnahme nicht übermäßig sein (Über-*
> *maßverbot) und der Mitgliedstaat darf diese nicht rechtsmissbräuchlich*
> *– d.h. zur Verfolgung anderer nicht gerechtfertigter Ziele – einsetzen*
> *(Missbrauchsverbot).* ■

Von einer Einschränkung der weiten Dassonville-Formel nach Art.
30 EGV unter Wahrung der Verhältnismäßigkeit ging der EuGH im
Rechtsstreit Aragonesa de Publicidad aus:

Aragonesa de Publicidad; EuGH v. 25. 7. 1991 (Rs. C-1/90 und C-176/90)
Aragonesa de Publicidad, Slg. I 1991, S. 4151 ✪ 27
Das katalanische Gesetz Nr. 20/85 vom 25. 7. 1985 verbietet grundsätzlich, für
Getränke mit einem Alkoholgehalt von mehr als 23 % an Straßen, in Kinos oder
öffentlichen Verkehrsmitteln zu werben.
Zwei Werbeagenturen wurden wegen Verstoßes gegen das Gesetz Nr. 20/85 vom
25. 7. 1985 Geldbußen auferlegt. Die Agenturen halten das Gesetz Nr. 20/85
vom 25. 7. 1985 für nicht anwendbar, da es gegen die Warenverkehrsfreiheit
verstoße.
Der EuGH bestätigte in seiner Entscheidung seine grundsätzliche Sichtweise zur
warenverkehrsbegrenzenden Wirkung von Werbung, die er bereits im Rechtsstreit
INNO dargestellt hatte. Danach unterliegen auch Einschränkungen von Werbe-
und Vermarktungsstrategien – als Vorstufe eines grenzüberschreitenden Warenabsatzes – der Warenverkehrsfreiheit. Eine Regelung, die eine bestimmte Werbung untersagt, bildet somit i.S.d. Dassonville-Formel eine nationale Maßnahme,
die geeignet ist, den zwischenstaatlichen Handel tatsächlich und zumindest
mittelbar zu behindern.
Eine solche Behinderung der Warenverkehrsfreiheit (Art. 28 EGV) hält der EuGH
jedoch zum Schutze der Gesundheit i.S.d. Art. 30 EGV für gerechtfertigt. In der
sich anschließenden Verhältnismäßigkeitsprüfung stellt der EuGH fest, dass das
nationale Werbeverbot auch verhältnismäßig war, denn es bezieht sich nur auf
bestimmte Orte, die insbesondere von Autofahrern und Jugendlichen stark
aufgesucht werden. Ferner gilt das nationale Werbeverbot nicht uneingeschränkt.

So konzentriert es sich auf Alkohol mit mehr als 23 % Alkoholanteil. Abschließend untersuchte der EuGH in einer sog. „Missbrauchsprüfung", ob die nach Art. 30 EGV gerechtfertigte nationale Eingrenzung der Warenverkehrsfreiheit nicht zu anderen wettbewerblichen Zwecken – etwa einer Diskriminierung ausländischer Produkte oder/und zum Protektionismus inländischer Wirtschaft – missbräuchlich eingesetzt wird. Einen solchen Missbrauch stellte der EuGH nicht fest. Denn die Grenze des zulässigen Alkoholanteiles von 23 % ist absolut neutral. Sie trifft inländische wie ausländische Produkte gleichermaßen. Somit ist die Begrenzung der Warenverkehrsfreiheit aus Gründen des Gesundheitsschutzes nach Art. 30 rechtmäßig.

Die Entwicklungen des europäischen Werberechts nach der Entscheidung „Keck"

Mit der Entscheidung in Rechtsstreit „Keck" erreichte der EuGH eine neue inhaltliche Qualität der Einschränkung der weiten Dassonville-Formel. Er nimmt nun alle nationalen Maßnahmen der Einschränkungen der Warenverkehrsfreiheit aus dem Anwendungsbereich des Art. 28 EGV aus, welche lediglich die **Vermarktung** oder den **Vertrieb eines Produkts** reglementierten und für alle betroffenen inländischen wie ausländischen Wirtschaftsteilnehmer und den Absatz inländischer und ausländischer Erzeugnisse gleichermaßen gelten.

Keck; EuGH v. 24. 11. 1993 (Rs. C- 267/91 und C-268/91) Bernhard Keck und Daniel Mithouard, Slg. I, S. 6097 ff. ⊘ 28

Die Herren Keck und Mithouard, Inhaber von Supermärkten in Luxemburg, verkaufen in Frankreich Waren unter Einstandspreis (vente á perte oder Dumpingpreise). Dies ist in Frankreich durch das Gesetz Nr. 63-628 in der Fassung vom 1. 12. 1986 unter Strafe verboten. Das französische Strafgericht fragt – in dem Verfahren nach Art. 234 EGV – den EuGH nach der Vereinbarkeit des Gesetzes Nr. 63-628 mit dem Grundsatz der Warenverkehrsfreiheit.

Der EuGH führte in seinem Urteil erstmals eine Unterscheidung ein: Er differenzierte zwischen „produktbezogenen Maßnahmen" und rein „vertriebsbezogenen": Nur jene nationalen Maßnahmen, welche sich auf das Produkt, dessen Qualität und dessen Vermarktung beziehen (produktbezogene Maßnahmen) seien nach den Grundsätzen der Warenverkehrsfreiheit und der bislang hierzu ergangenen Rechtsprechung zu überprüfen. Nationale Regelungen demgegenüber, welche lediglich die Vermarktung oder den Vertrieb eines Produkts reglementierten und für alle betroffenen inländischen Wirtschaftsteilnehmer und den Absatz inländischer und ausländischer Erzeugnisse gleichermaßen gelten, fallen grundsätzlich nicht unter den Anwendungsbereich des Art. 28 EGV (Rn 16).

Zur Begründung dieser Differenzierung führt der EuGH aus, dass unter Art. 28 ff. nicht jede nationale Regelung fallen könne, die sich auf die Freiheit der Geschäfte Privater auswirke (Rn 14). Da im Sachverhalt „Keck" lediglich eine vertriebsbezogene Maßnahme vorlag welche a) für alle inländischen Marktteilnehmer galt und b) sich auf den Absatz von inländischen wie ausländischen Produkte bezog, unterfiel das französische Verbot des „Dumping" nicht der Prüfung der Warenverkehrsfreiheit und verstieß auch nicht gegen diese.

Der EuGH bejahte damit die Vereinbarkeit einer solchen vertriebsbezogenen Regelung mit europäischem Recht und damit die Gültigkeit eines nationalen Dumping-Verbots nach europäischem Recht.

Charakteristisch an der Entscheidung „**Keck**" ist, mit welcher Begründung der EuGH (den Anwendungsbereich des Art. 28 ff. EGV) die so genannten „vertriebsbezogenen Regelungen" aus dem Anwendungsbereich des Art. 28 ff. EGV herauslöst. Wie auch in den Entscheidungen „**Cassis de Dijon**" etc. geht es dem EuGH um die Reduktion des Anwendungsbereiches des Art. 28 EGV. So formuliert der EuGH:

„Da sich die Wirtschaftsteilnehmer immer häufiger auf Artikel 30 EWG-Vertrag (aktuell Art. 28 EGV) berufen, um jedwede Regelung zu beanstanden, die sich als Beschränkung ihrer geschäftlichen Freiheit auswirkt, auch wenn sie nicht auf Erzeugnisse aus anderen Mitgliedstaaten gerichtet ist, hält es der Gerichtshof für notwendig, seine Rechtsprechung auf diesem Gebiet zu überprüfen und klarzustellen."

Nach Keck unterfallen reine nationale **Vermarktungs- oder Vertriebshindernisse** nicht mehr dem Anwendungsbereich des Art. 28 EGV, wenn sie

- für alle Wettbewerbsteilnehmer im Inland gelten (**keine Marktteilnehmerdiskriminierung**) und/oder

- den Absatz inländischer Erzeugnisse wie der aus anderen Mitgliedstaaten rechtlich und tatsächlich in gleicher Weise berühren (**keine Produktdiskriminierung**).

Für alle anderen Sachverhalte, insbesondere solche, die produktbezogene Hindernisse der Warenverkehrsfreiheit enthalten, gilt weiterhin die Dassonville-Formel, mit allen ihren oben dargestellten Einschränkungen.

Übersicht 17: Die differenzierte Beurteilung nationaler Maßnahmen, die den Warenverkehr einschränken

nationale **produktbezogene** Hindernisse	nationale **Vermarktungs- oder Vertriebshindernisse**
Geltung Art. 28 EGV und der Dassonville-Formel	unterfallen nicht mehr dem Anwendungsbereich des Art. 28 EGV, wenn sie
	für alle Wettbewerbsteilnehmer im Inland gelten (**Marktteilnehmerdiskriminierung**) und/oder
	den Absatz inländischer Erzeugnisse wie der aus anderen Mitgliedstaaten rechtl. und tatsächl. in gleicher Weise berühren (**Produktdiskriminierung**).

Aus der Entscheidung im Fall Keck ergibt sich ein Prüfungsablauf, wie in Übersicht 18 auf der folgenden Seite dargestellt.

✐ Eine Zusammenfassung und Übersicht über die Warenverkehrsfreiheit und ihre inhaltliche Eingrenzung durch die Rechtsprechung des EuGH enthält die Übersicht 19 der CD

Gegenstand der Aussonderung aus dem Anwendungsbereich des Art. 28 ff. EGV sind die nationalen Reglementierungen „vertriebsbezogener Maßnahmen".

Wann eine solche („vertriebsbezogene bzw. produktbezogene") Maßnahme) vorliegt, wann und in welchen Fällen die nationale Maßnahme (zur Einschränkung der Warenverkehrsfreiheit) vertriebs- bzw. produktbezogen ist, ist oftmals schwer zu entscheiden.

Übersicht 18: Prüfung nationaler Reglementierung der Waren-verkehrsfreiheit

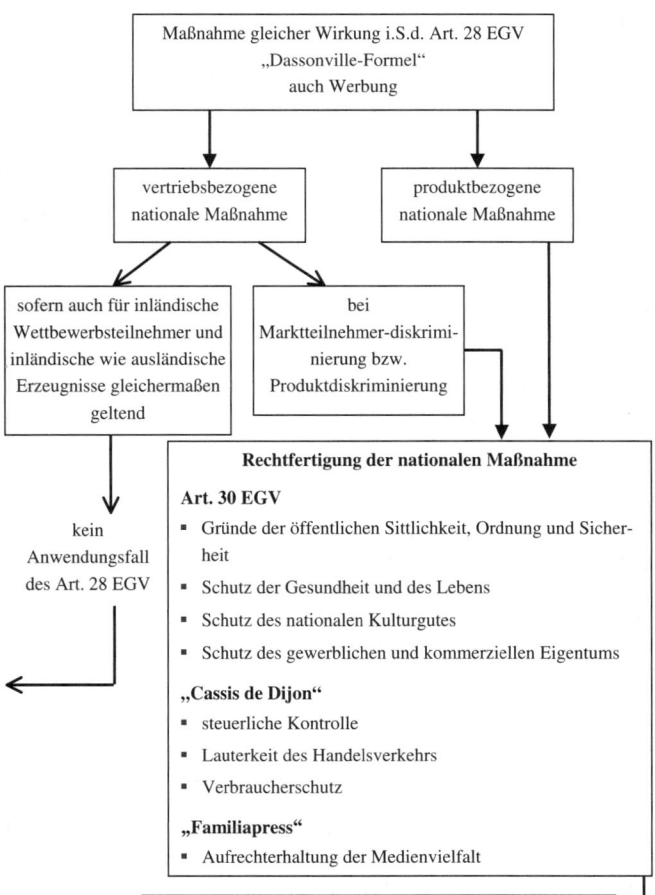

In seiner berühmten Hünermund-Entscheidung ging der EuGH von einer „vertriebsbezogenen" nationalen Maßnahme aus:

Hünermund; EuGH vom 15.12.1993 (Rs. C-229/92) Hünermund u.a., Slg. I 1993, S. 6787 ✍ 29

Die baden-württembergische Landesapothekerkammer untersagt – auf Grund von standesrechtlichen Vorschriften – Apothekern die Werbung für „apothekenübliche Waren" (verschreibungspflichtige Medikamente). Die Apothekerin, Frau Hünermund, erblickt in diesem Werbeverbot einen unzulässigen Verstoß gegen die Warenverkehrsfreiheit.

Zwar räumt der EuGH ein, dass das standesrechtliche Werbeverbot durchaus geeignet sei i.S.d. Dassonville-Formel, den Absatz von Medikamenten anderer europäischer Mitgliedsländer in Deutschland zu reduzieren. Wie in seiner Entscheidung im Rechtsstreit „Keck" betont der EuGH aber, dass die Anwendung der nationalen standesrechtlichen Vorschriften nicht dem Anwendungsbereich des Art. 28 EGV unterfalle, da diese lediglich den Vertrieb reglementiere. Weitere Voraussetzung der Unanwendbarkeit des Art. 28 EGV ist, dass die Vorschriften auch für inländische Vertreiber und ebenso für inländische wie ausländische Produkte gelten. Letzteres war der Fall, da die standesrechtliche Regelung für alle Apotheker im Zuständigkeitsbereich der Apothekerkammer gelten und ebenfalls nicht nach der Herkunft der Waren unterscheiden. Mangels Anwendbarkeit des Art. 28 EGV verstößt das Werbeverbot für apothekenübliche Waren nicht gegen europäisches Recht. (Zur Zulässigkeit eines „Apothekenzwanges" im Rahmen des Vertriebs verschreibungspflichtiger Medikamente siehe auch EuGH v. 21. 3. 1991 (Rs C-60/89) Jean Mantreil und Daniel Somanni, Slg. I 1991, S. 1487 ff. ✍30; EuGH v. 21. 3. 1991 (Rs. C-369/88) Jean Marie Delattre, Slg. I 1991, S. 1547 ff. (m.w.H.) ✍ 31)

Diese Entscheidungs- und Begründungspraxis hat der EuGH fortgesetzt in einer Entscheidung, in der es um eine nationale Regelung ging, welche den Verkauf von Milchprodukten für Säuglinge lediglich Apotheken vorbehielt. Auch in dieser nationalen Reglementierung des Verkaufs von Baby-Spezialnahrung – so urteilte der EuGH – liegt eine produktunabhängige und damit eine rein „vertriebsbezogene" Maßnahme vor. Diese fällt nicht in den Anwendungsbereich des Art. 28 EGV und ist somit grundsätzlich nicht europarechtlich zu beanstanden.

Die Entscheidungen „Hünermund", „Mantreil" und „Delattre" sind problematisch. Denn es geht hier um die Qualität von Produkten bzw. deren besondere Gesundheitsrisiken für den Verbraucher (verschreibungspflichtige Medikamente und Säuglingsnahrung). Insofern kann man – nach Ansicht des Verfassers – in diesen Verkaufsverboten eine produktabhängige nationale Maßnahme sehen.

In seiner Rechtsprechung seit der Entscheidung „MARS + 10" geht der EuGH vorrangig von der „Produktbezogenheit" und damit der Anwendung des Art. 28 EGV aus, wann immer die Qualität oder Quantität des Produkts in Frage steht:

Mars + 10: EuGH v. 6. 7. 1995 (Rs. C-470/93) Verein gegen Unwesen in Handel und Gewerbe e.V. gegen Mars GmbH, Slg. I 1995, S. 1944 ✍ 32
Die Mars GmbH führt aus Frankreich Eiscremeriegel der Marken Mars, Snickers, Bounty und Milky Way ein. Entsprechend einer europaweiten Werbekampagne war die Menge der Eiscremeriegel um 10 % erhöht worden. Die vergrößerten Riegel trugen daher als Aufschrift den jeweiligen Markennamen mit dem Zusatz „+ 10". Der Verein gegen Unwesen in Handel und Gewerbe e.V. wendet sich unter anderem mit dem Argument gegen diese Werbemaßnahme, diese sei irreführend und verstoße gegen § 3 des deutschen Gesetzes gegen den unlauteren Wettbewerb.
Der EuGH erblickte in der deutschen Regelung einen Eingriff in die europäische Warenverkehrsfreiheit. Denn die Einschränkung der Werbung durch das deutsche Gesetz stelle eine Maßnahme „gleicher Wirkung" i.S.d. Dassonville-Formel dar. Art. 28 EGV ist auch anwendbar, nachdem sich das deutsche Werbeverbot auf die Beschriftung und Aufmachung des Schokoriegels beziehe und – so der EuGH – nicht auf dessen Vertrieb. Die nationale Maßnahme sei daher „produktbezogen" und eröffne so die Prüfung der Rechtmäßigkeit des nationalen Werbeverbots nach Art. 28 EGV.
Das nationale Werbeverbot ist – etwa aus Gründen des Verbraucherschutzes (siehe EuGH zu „Cassis de Dijon") – nicht gerechtfertigt. Denn der Verbraucher, der so „verständig" ist, dass er zwischen der optischen Größe der Verpackungsgestaltung und der realen Mengenerhöhung unterscheidet, kann durch die Gestaltung der Verpackung nicht irregeführt sein. Nach all dem war das deutsche Werbeverbot ungültig und die Werbung daher zulässig.

Eine genaue Klärung der Unterscheidung „produkt- oder vertriebsbezogen" bleibt der weiteren Rechtsprechung des EuGH überlassen. Übersicht 20 gibt die Eckpunkte wesentlicher Fälle der bisherigen Rechtsprechung des EuGH zu dieser Frage wieder.

Übersicht 20: „vertriebsbezogene" / „produktbezogene" Regelungen nach der Entscheidung „Keck"

vertriebsbezogene Maßnahmen		produktbezogene Maßnahmen	
nationales Verbot	Entscheidung	nationales Verbot	Entscheidung
Unterpreisverkauf (Dumping)	Keck	Irreführung durch Marken- oder Warenbezeichnung	Clinique, Cambozola, Cotonelle, Warsteiner,
standesrechtlich verbotene Werbung für apothekenübliche Waren	Hünermund	Vertrieb nicht zugelassener Arzneimittel	Ortscheid
generelles Verbot der Werbung für Alkohol	GIP	Nach Ansicht des Verfassers: Verbot = produktbezogen	
Verkauf von Säuglingsnahrung nur in Apotheken	Säuglingsnahrung	Nach Ansicht des Verfassers: Verbot = produktbezogen	
Vorteil durch Rechtsbruch (z.B. Verkauf außerhalb der Ladenschluss-zeiten)	Punto Casa, Tankstelle	irreführende Ursprungsbezeichnungen	Champagner, Chateau de Calce
Verbot v. Fernsehwerbung bzw. kindbezogener Fernsehwerbung	Leclerc-Siplex, ARD, De Agostini	Irreführende Produktionsbezeichnung	Crémant, Meyhui
		Irreführung über Menge	Mars + 10
		Irreführende Angaben zur Wirkungsweise des Produkts	ODOL Med 3, Lifting
		unterschiedliche Altersberechnung des Produkts	Rémy Schmit
		Werbung mit verwechselbaren Produkt(Gattungs)-Namen	Guimot
		Werbung für das Produkt Zeitschrift mit periodisch wiederkehrendem Rätsel	Familiapress
		Irreführung über Produkt-Bestandteile und Zutaten	Sauce Bernaise

Aus der bisherigen Rechtsprechung des EuGH lassen sich – nach Ansicht des Verfassers – folgende Aussagen ableiten: Vertriebsbezogene Maßnahmen sind nationale Regelungen, die ausschließlich und allein auf das Vertriebssystem eines Produktsabstellen. Produktbezogene Maßnahmen beziehen sich demgegenüber auf das Produkt selber, insbesondere auf dessen Qualität, Gefährlichkeit, Zusammensetzung, Aufmachung und Etikettierung (siehe Krimphove Europäisches Werberecht, S. 215 ff. (m.w.H.)). Die Rechtsprechung des EuGH geht mit großer Zurückhaltung von der Existenz rein vertriebsbezogener Maßnahmen aus.

✐ Die hier nur mit ihrem Namen angegebenen Entscheidungen – sowie alle übrigen in Text erwähnten Entscheidungen – finden Sie im Volltext auf der CD. Die Möglichkeit der Kontrolle der vorangegangenen Ausführungen bieten die interaktiven Fragen auf der CD (Test 3).

5. Die Niederlassungsfreiheit

Wenn schon Waren von einem Mitgliedsland in ein anderes frei transferiert werden dürfen, so muss auch die Möglichkeit bestehen, dass sich Unternehmen und deren Töchter in anderen europäischen Mitgliedstaaten niederlassen, um europaweit Waren zu produzieren. Die Produktions- und Dienstleistungsstätten sollen dort ihren Standort einnehmen dürfen, wo Konsumenten ihre Produkte und Dienstleistung nachfragen. Anderenfalls müssten die Anbieter von Waren und Dienstleistung diese ständig durch Europa transportieren. Dies führt zu gesamtwirtschaftlich unerwünschten Transportkosten und Transportrisiken. Denn die Qualität von Waren und/oder Dienstleistung verbessern diese Transporte keineswegs. Derartige Transporte binden vielmehr finanzielle Mittel, die betriebs- und volkswirtschaftlich – z.B. in der Produktionsforschung und -entwicklung – sinnvoller einsetzbar sind. Die europäische Niederlassungsfreiheit steht somit in einem engen Verhältnis zur europäischen Warenverkehrsfreiheit. Sie unterstützt diese und komplettiert das Funktionieren des Europäischen Binnenmarktes. Gleichzeitig schafft sie die Voraussetzungen für einen Austausch und die Angleichung unterschiedlicher Unternehmenskulturen und Arbeitsbedingungen. Sie kann ferner (zumindest regional) das Entstehen neuer Arbeitsplätze fördern. Nicht verschwiegen werden soll an dieser Stelle, dass die Niederlassungsfreiheit den Unternehmen das Nutzen von Standortvorteilen der sog. europäischen Billiglohnländer ermöglicht. Der Ausverkauf v. Sozialbedingungen i.S. eines „Lohn-/ Sozialdumpings" wären die Folge. Dem gilt es insbesondere durch das europäische Arbeitsrecht vorzubeugen (siehe unten).

Die Niederlassungsfreiheit (Art. 43 ff. EGV) gewährt dem einzelnen europäischen Bürger (z.B. den Freiberuflern und selbstständig Gewerbetreibenden), wie auch Unternehmen einen Anspruch auf dauerhafte Ansiedlung, Aufnahme und Durchführung von Geschäftstätigkeiten in einem anderen Mitgliedsland („positive Niederlassungsfreiheit"). Hierüber hinaus beinhaltet Art. 43 ff. EGV auch ein „Diskriminierungsverbot". Danach darf der europäische Aufnahmestaat dem Niederlassungswilligen keine Sperren und Hindernisse entgegensetzen, die nicht auch für Inländer gelten (sog. Anspruch auf Inländerbehandlung oder „negative" Niederlassungsfreiheit).

Kommission/Italien; EuGH v. 6. 6. 1996 (Rs. C-101/94) Kommission der Europäischen Gemeinschaften gegen Italienische Republik, Slg. I 1996, S. 2691 ⊘ 33 Art. 3 Abs. 2 des italienischen Gesetzes Nr. 1 vom 2. 1. 1991 über die „Regelung der Tätigkeit des Wertpapiermaklers" gestattet neben Banken auch Gesellschaften die Tätigkeit eines Wertpapiermaklers. Allerdings müssen die Gesellschaften ihren Sitz in Italien haben.
Das italienische Gesetz schließt de facto ausländische Bewerber von der Niederlassung und der Tätigkeit eines Wertpapiermaklers in Italien aus, indem es diese von dem Sitz der Bank und/oder der Gesellschaft in Italien abhängig macht. Die im italienischen Gesetzes vorgenommene Diskriminierung nach der Nationalität der Bank oder der Gesellschaft benachteiligt ausländische Institute. Dies untersagt der EuGH. Nach ihm muss jede mitgliedstaatliche Rechtsordnung eine ausländische Bank bzw. eine ausländische Gesellschaft ebenso zu dem italienischen Markt zugelassen werden wie eine inländische (Rn. 12 ff.).

Ausdruck hat die positive wie negative Niederlassungsfreiheit insbesondere in der Richtlinie 73/148/EWG des Rates v. 21. 5. 1973 zur Aufhebung der Reise- und Aufenthaltsbeschränkungen für Staatsangehörige der Mitgliedstaaten innerhalb der Gemeinschaft auf dem Gebiet der Niederlassung und des Dienstleistungsverkehrs (ABl. L v. 28.06.1973 Nr. 172, S. 14) gefunden.

Da Art. 43 EGV die Notwendigkeit der Grenzüberschreitung der Niederlassung enthält, findet die Niederlassungsfreiheit keine Anwendung auf rein mitgliedlands-interne Sachverhalte.

Beispiel: Ein Hamburger Maschinenbauunternehmer möchte sich im Raum Stuttgart niederlassen. Er kann sich bei etwa auftauchenden Schwierigkeiten nicht auf Art. 43 EGV berufen. Denn sein Plan beinhaltete keine Grenzüberschreitung. Dies ist anders bei seinem französischen Konkurrenten, der sich im Raum Stuttgart ansiedeln möchte. Auf Grund der grenzüberschreitenden Wirkung seines Planes genießt er den Schutz des Art. 43 EGV.

> ■ *Achtung!*
> *Auch in diesen Fällen kommt es zu einer – unter Umständen nicht gewünschten – Schlechterbehandlung der Inländer (sog. Inländerungleichbehandlung, dazu siehe schon oben).* ■

Von der Dienstleistungsfreiheit unterscheidet sich die Niederlassungsfreiheit dadurch, dass sie

1 sich an selbstständige Gewerbetreibende wendet und/oder

2 nicht nur vorübergehend, sondern dauerhaft und organisatorisch die Einrichtung des Geschäftsbetriebs in einem anderen Mitgliedstaat schützt.

> ■ *ACHTUNG!*
> *Die lediglich kurzzeitige, vorübergehende Tätigkeit eines Selbstständigen unterfällt der Dienstleistungsfreiheit und nicht der Niederlassungsfreiheit.* ■

Die Aktivitäten, die dem Schutz der Niederlassungsfreiheit unterstehen, führt Art. 43 Abs. 1 EGV auf:

Übersicht 21: Durch die Niederlassungsfreiheit geschützte organisatorische Aktivitäten

1 Aufnahme dauerhafter Geschäftstätigkeit im Hoheitsgebiet eines europäischen Mitgliedstaats

2 Übernahme der Unternehmens-Kontrolle i.S.v. Leitungsmacht durch Kapitaleinsatz an einem grenzüberschreitend operieren-

> den Unternehmen (i.d.R. mittel Anteilserwerbes an einer Kapitalgesellschaft)
>
> 3 Errichtung einer grenzüberschreitenden Holding
>
> 4 Bildung eines grenzüberschreitenden Gemeinschaftsunternehmens
>
> 5 Gründung von Tochtergesellschaften und Kanzleien in einem anderen Mitgliedstaat
>
> 6 Einrichtung von Zweigniederlassungen, Agenturen oder sonstigen Außen- bzw. Nebenstellen in einem anderen Mitgliedstaat

Der Katalog gilt für die Ausübung der Niederlassungsfreiheit für **Unternehmen** und **Gesellschaften** ebenso wie für **private Gewerbetreibender** und **Freiberufler** (etwa Apotheker, Architekten, Ärzte, Handels- und Versicherungsvertreter, Haus- bzw. Privatlehrer, Hebammen, Künstler, Musiker, Rechtsanwälte, Steuerberater, Wirtschaftsprüfer u.a.). Letztere dürfen zur dauerhaften Ausführung ihrer Geschäftstätigkeit im europäischen Ausland grundsätzlich ungehindert Geschäfte und Gewerbe gründen bzw. Kanzleien, Praxen, Agenturen und Büros einrichten und unterhalten. Welche weitreichende Tragweite das Recht der Niederlassungsfreiheit privater Gewerbetreibender im Einzelfall haben kann, verdeutlicht der Fall „Christos Konstantinides":

„Christos Konstantinides"; EuGH v. 30. 3. 1993 (Rs. C-168/91) Christos Konstantinides gegen Bundesrepublik Deutschland ✐ 34
Zwischen Deutschland und Griechenland gilt die „Konvention vom 13. 9. 1973 über die Darstellung von Familien- und Vornamen in Zivilregistern". Gemäß der in Art. 3 dieser Konvention vorgesehenen Norm ISO-18 stellte das deutsche Standesamt den griechischen Namen eines griechischen Bürgers, welcher als Selbstständiger in Deutschland ein Gewerbe betreibt, in lateinischer Schrift wie folgt dar: „Hréstos Konstantinidés". Der griechische Gewerbetreibende ist der Ansicht, dem korrekten phonetischen Verständnis seines Namens entspreche eher dessen lateinische Schreibweise „Christos Konstantinides". Diese Namensform klagt er vor dem Amtsgericht Tübingen ein, welches den Rechtsstreit zunächst dem EuGH vorlegt.
Der EuGH stellt fest, dass es durchaus eine unzulässige Beschränkung der Niederlassungsfreiheit sein kann, wenn nationales Standesrecht den niederlassungswilligen Gewerbetreibenden zu einer Umschreibung seines Namens in eine

andere Schrift zwinge, und diese Umschreibung den Namen entstellt oder verstümmelt.

Einschränkung der Niederlassungsfreiheit

Die Niederlassungsfreiheit gilt nicht uneingeschränkt. Folgende Gründe rechtfertigen eine nationalen Beschränkung der Niederlassungsfreiheit:

1 Tätigkeiten der „öffentlichen Gewalt" (Art. 45 Abs. 1 EGV)

2 Gründe der öffentlichen Ordnung, Sicherheit oder Gesundheit (Art. 46 EGV)

Zu 1) Die „öffentliche Gewalt": Den Mitgliedstaaten bleibt nach dem Europarecht vorbehalten, die Niederlassungsfreiheit zur Erfüllung ihrer Tätigkeiten der „öffentlichen Gewalt" einzuschränken und diese Aufgaben selbst zu erledigen. Fraglich erscheint, was zu den Tätigkeiten der öffentlichen Gewalt zählt. Die Rechtsprechung legt den unbestimmten Rechtsbegriff der „öffentlichen Gewalt" – zum Zweck der möglichst vollständigen Gewährleistung der Niederlassungsfreiheit – einschränkend aus:

Reyners; EuGH v. 21. 6. 1974 (Rs. 2/74) Jean Reyners gegen Belgischen Staat, Slg. 1974, 631 ✍ 35

Das belgische Rechtspflegegesetz sieht vor, dass zum Beruf des Rechtsanwalts nur Belgier oder nur jene Bürger zugelassen werden können, deren europäischer Heimatstaat seinerseits auch Belgier in ihrem Land als Rechtsanwälte zulassen (Gegenseitigkeitsprinzip). Da für den Niederländer, Herrn Reyners, beide Voraussetzungen nicht zutrafen, versagten die belgischen Behörden Herrn Reyners – der in Belgien aufgewachsen, zur Schule gegangen war und auch dort Rechtswissenschaften studiert hatte – die Zulassung als belgischer Rechtsanwalt.

Zunächst erkennt der EuGH an, dass Art. 43 EGV dem europäischen Niederlassungswilligen einen eigenen Anspruch auf Nichtdiskriminierung und Gleichbehandlung zu Inländern in Fragen der Niederlassung zubilligt. Der EuGH lehnt in diesem Fall die belgische Einschränkung der Niederlassungsfreiheit durch Art. 45 EGV aus Gründen der „öffentlichen Gewalt" ab. Zwar ist ein Rechtsanwalt organisch in ein Gerichtsverfahren und in die Rechtspflege eingebunden. Die typischen Tätigkeit eines Rechtsanwaltes, wie Rechtsberatung und Rechtsbeistand, rechtfertigt jedoch noch nicht die Annahme, er würde dadurch „öffentliche Gewalt" eines Staats ausüben. Die Vorschrift des Art. ist nämlich eng auszulegen, sonst liefe das Recht der Niederlassungsfreiheit praktisch leer.

Die Aufgaben der „öffentlichen Gewalt" beziehen sich daher ausschließlich auf die eigentlichen spezifischen Hoheitsfunktionen des Mitgliedstaates. Entsprechend der engen Auslegung erfasst die Ausnahme des Art. 45 EGV auch nicht pauschal ganze Berufsgruppen, sondern lediglich bestimmte einzelne Tätigkeiten; nämlich nur jene, die insbesondere zur Sicherung der inneren wie äußeren Sicherheit eines Mitgliedstaatsunbedingt erforderlich sind. Dies sind z.B. Tätigkeiten, die der Staat nur dann vornehmen kann, wenn er dem Bürger gegenüber übergeordnet ist und die er dem Bürger gegenüber mit hoheitlichen Zwangsmitteln durchsetzen können muss. Die Bereiche solcher Tätigkeiten sind insbesondere die Verteidigung, Militärdienst, staatliche Sicherheit, polizeidienstliche Tätigkeiten, amtliche Beurkundungen, der Strafvollzug, Zwangsmaßnahmen des Gerichtsvollziehers.

zu 2) Die öffentliche Ordnung, Sicherheit oder Gesundheit: Es versteht sich von selbst, dass ein europäischer Bürger die Niederlassungsfreiheit nicht dazu missbrauchen kann, die öffentliche Ordnung eines Mitgliedslandes oder die Gesundheit europäischer Bürger zu beeinträchtigen. Die Zweigniederlassung einer Gruppierung der organisierten Kriminalität, oder eines Drogenhändlerringes zum Zweck, deren strafbare Tätigkeiten auszuweiten, können nationale Behörden nach Art. 46 EGV untersagen.

Neue Rechtfertigungsgründe

Die Rechtsprechung hat über diese die Einschränkung der Niederlassungsfreiheit rechtfertigenden Gründe hinaus noch einen weiteren Rechtfertigungsgrund, nämlich den des „**zwingenden Allgemeininteresses**" entwickelt:

Ramrath; EuGH v. 20. 5. 1992 (Rs. C-106/91) C. Ramrath gegen Ministére de la Justice, Slg. I 1992, S. 3351 ✍ 36
Einem deutschen Steuerberater wird die Zulassung in Luxemburg u.a. mit der Begründung verweigert, er sei nicht in Luxemburg – sondern in Düsseldorf – niedergelassen.
Der EuGH entschied, dass die Gründung einer Zweitniederlassung unter die Niederlassungsfreiheit des deutschen Steuerberaters fällt. Die Mitgliedstaaten

verstoßen daher gegen das Recht der Niederlassungsfreiheit (Art. 43 EGV), wenn sie einem Niederlassungswilligen die Niederlassung in ihrem Land allein deswegen verweigern, weil er bereits in einem anderen Mitgliedstaat niedergelassen ist. Aus dem Recht der Niederlassungsfreiheit lässt sich nämlich gerade nicht folgern, der Niederlassende dürfe nur einen Sitz oder Berufsausübungsstandort in dem Gebiet der Europäischen Gemeinschaften haben.

Das europäische Recht erlaubt den Mitgliedstaaten allerdings, Mindestanforderungen für die Durchführung besonderer Berufe (insbesondere Rechtsanwälte, Wirtschaftsprüfer, Ärzte etc.) aufzustellen. Diese Mindestanforderungen müssen im „zwingenden Allgemeininteresse" liegen und für Inländer wie Ausländer gleich gelten (Rn. 29 ff.). Als ein solches zwingendes Allgemeininteresse kommt grundsätzlich auch die Verpflichtung eines Wirtschaftsprüfers zur Anwesenheit „vor Ort" in Betracht. Denn sonst wären die Tätigkeiten eines unabhängigen Wirtschaftsprüfers nicht durch die zuständigen Behörden überprüfbar. Dies löst Zweifel an seiner Unabhängigkeit aus. Die durch das Mitgliedsland aufgestellten Anforderungen dürfen aber nicht derart hoch sein, dass sie das Recht der Niederlassungsfreiheit durch sie de facto ausschließen. Ein Wirtschaftsprüfer kommt daher auch dann seiner Anwesenheitspflicht nach, wenn ihn örtlich zugelassene Kollegen bzw. Kooperationspartner vor Ort vertreten.

Vergl. EuGH v. 16. 6. 1992 (Rs. C-351/90) Kommission der Europäischen Gemeinschaften gegen Großherzogtum Luxemburg; Slg. I, S. 3945 ⊘ 37 ; EuGH v. 12. 7. 1984 (Rs. 107/63) Ordre des avacats au barrau de Paris gegen Onno Klopp, Slg. 1984, S. 2971 ⊘ 38; EuGH v. 30. 11. 1995 (Rs. C-55/94) Gebhard gegen Consiglio dell' Ordin degli Avocati, Slg. I, S. 4165 ⊘ 39

Verallgemeinert ergibt sich:

Die Mitgliedstaaten dürfen das Recht auf Niederlassung nicht allein deswegen verwehren, weil der Niederlassungswillige nicht alle Anforderungen des Aufnahmelandes gleich wie ein Inländer erfüllen kann. Sie können aber für bestimmte Berufe nationale Mindeststandards aufstellen, falls diese

- **aus zwingenden Gründen des Allgemeininteresses (objektiv) erforderlich sind,**

- **dem Verhältnismäßigkeitsprinzip genügen,**

- **insbesondere nicht derart hoch sind, dass sie faktisch das Recht der Niederlassungsfreiheit ausschließen und/oder**

- **den Niederlassungswilligen gegenüber Inländern diskriminieren.**

Derartige Mindestanforderungen führt insbesondere nationales **Berufsstandesrecht** auf. Sie können i.d.R. bestehen aus:

Übersicht 22: Inhalte möglicher Berufsstandsregelungen

- subjektive Eignung i.S.v. persönlicher Zuverlässigkeit
- Erreichbarkeit bzw. Mindestanwesenheit des Niederlassenden oder einer ihn vor Ort repräsentierenden Person (Vertreter, Kooperationspartner)
- fachlich wirtschaftliche Unabhängigkeit und
- individuell fachliche Befähigung

Anerkennung von Diplomen und Ausbildungsnachweisen

Vor allem die öffentliche Sicherheit, der Gesundheitsschutz und der Schutz des Verbrauchers vor unfähigen Gewerbetreibenden erfordern – i.S. eines „zwingenden Allgemeininteresses" – den Nachweis einer (besonders) qualifizierten Ausbildung für diese Berufe. Das Erfordernis des Nachweises einer geeigneten Bildung gilt eigens bezüglich der Ausübung „freiberuflicher Tätigkeit" (Apotheker, Architekten, Ärzte, Handels- und Versicherungsvertreter, Haus- bzw. Privatlehrer, Hebammen, Künstler, Musiker, Rechtsanwälte, Steuerberater, Wirtschaftsprüfer u.a.).

Das Erfordernis nach dem Nachweis von Befähigungen darf seinerseits jedoch kein Hindernis der Ausübung der Niederlassungsfreiheit darstellen. Aus diesem Grund sichern europäische Vorschriften die Anerkennung deren Diplome und Berufsausbildungsnachweisen:

Übersicht 23: Die wichtigsten Normen zur Annerkennung von Diplomen und Ausbildungsnachweisen

- Richtlinie 89/48/EWG des Rates vom 21. 12. 1988 über eine allgemeine Regelung zur Anerkennung der Hochschuldiplome, die eine mindestens dreijährige Berufsausbildung abschließen (ABl. 1989, Nr. L 19, S. 16)
- Richtlinie 92/51/EWG des Rates vom 18. 6. 1992 über eine zweite allgemeine Regelung zur Anerkennung beruflicher Befähigungsnachweise in Ergänzung zur Richtlinie 89/48/EWG (ABl. 1992, Nr. L 209, S. 25)
- Richtlinie 93/16/EWG des Rates vom 5. 4. 1993 zur Erleichterung der Freizügigkeit für Ärzte und zur gegenseitigen Anerkennung ihrer Diplome, Prüfungszeugnisse und sonstigen Befähigungsnachweise (ABl. 1993, Nr. L 165, S. 1)
  - Richtlinie 97/50/EG des Europäischen Parlamentes und des Rates vom 6. 10. 1997 zur Änderung der Richtlinie 93/16/EWG des Rates vom 5. 4. 1993 zur Erleichterung der Freizügigkeit für Ärzte und zur gegenseitigen Anerkennung ihrer Diplome, Prüfungszeugnisse und sonstigen Befähigungsnachweise (ABl. 1997, Nr. L 291, S. 35)
  - Richtlinie 97/50/EG des Europäischen Parlamentes und des Rates vom 6. 10. 1997 zur Änderung der Richtlinie 93/16/EWG des Rates vom 5. 4. 1993 zur Erleichterung der Freizügigkeit für Ärzte und zur gegenseitigen Anerkennung ihrer Diplome, Prüfungszeugnisse und sonstigen Befähigungsnachweise (ABl. 1997, Nr. L 291, S. 35)
- siehe dazu auch die Entschließung des Rates vom 3. 12. 1992 zur Transparenz auf dem Gebiet der Qualifikationen (ABl. 1992, Nr. C 49, S. 1)

Der EuGH hat aus Gründen der Gewährleistung der Niederlassungsfreiheit sogar die Verpflichtung der europäischen Mitgliedstaaten zu Einrichtung eines nationalen **Verfahrens der Anerkennung von Diplomen** anerkannt:

Reiseführerprüfung; EuGH v. 22. 3. 1994 (Rs. C-375/92) Kommission der Europäischen Gemeinschaften gegen Spanien, Slg. I 1994, S. 923 ✐ 40

Spanische Behörden lassen nur Spanier für den Beruf des Reiseführers in Spanien zu. Hiergegen wendet sich die Rechtsprechung des EuGH. Sie sieht hierin eine unzulässige Beschränkung all jener ausländischen Reiseführer, die sich in Spanien niederlassen und entsprechend arbeiten möchten. Zur Gewährung deren Niederlassungsfreiheit ist Spanien verpflichtet, ein nationales Verfahren zur Annerkennung im Ausland erworbener Fremdenführerdiplome und sonstiger Befähigungsnachweise zu schaffen.

Zur Problematik der Eingrenzung der Tätigkeit eines Reiseführers siehe auch; EuGH v. 26. 2. 1991 (Rs. C-180/89) Kommission der Europäischen Gemeinschaften gegen Italien (Slg. 1991, S. I-709) ✍ 41; EuGH v. 26. 2. 1991 (Rs. C-198/89) Kommission der Europäischen Gemeinschaften gegen Griechenland (Slg. 1991, S. I-727) ✍ 42; EuGH v. 26. 2. 1991 (Rs. C-154/89) Kommission der Europäischen Gemeinschaften gegen Frankreich (Slg. 1991, S. I-659) ✍ 43.

Die Niederlassungsfreiheit von Unternehmen, juristischen Personen, Gesellschaften

Die Niederlassungsfreiheit gilt auch für Unternehmen bzw. juristische Personen wie Kapitalgesellschaften (AG, GmbH) oder Personengesellschaften,wirtschaftliche Vereine Konzerne, Holdings.

Die Problematik der Niederlassung von juristischen Personen besteht in dem Umstand, dass

1 die Rechtsformen die ein Mitgliedstaat zur Verfügung stellt (z.B. AG, GmbH, e.V., e.G.) in allen Mitgliedsländern sehr unterschiedlich und in keinem Fall übereinstimmend und kompatibel ausgestaltet sind,

2 die Mitgliedstaaten die unterschiedlichen Rechtsformen eines anderen Mitgliedstaatesgrundsätzlich nicht in ihrem eigenen Gesellschaftsrechtsystem als zulässig erachten.

Beispiel: Die Niederlassung einer deutschen GmbH in Frankreich, d.h. in der in Frankreich gebräuchlichen Rechtsform der „Société à responsabilité limitée" oder in England in der dort geltenden Rechtsform einer„Private Limited Company", ist nicht ohne weiteres möglich.

Zur oben angesprochenen Problematik nicht-kompatibler nationaler Gesellschaftsformen hat der EuGH in folgendem Fall Stellung bezogen:

Daily Mail; EuGH v. 27. 9. 1988 (Rs. 81/87) The Queen gegen H.M. Teasury und Commissioners of Inland Revenue, ex parte Daily Mail und General Trust plc, Slg. 1988, S. 5483 ✍ 44

Die englische Gesellschaft Daily Mail möchte – aus steuerlichen Gründen – ihren Sitz aus England in die Niederlande verlegen. Die englischen Behörden lassen dies nicht zu und verweisen Daily Mail auf die Möglichkeit, die Gesellschaft erst in England aufzulösen, um sie dann in den Niederlanden neu zu gründen. Daily Mail ist der Ansicht, diese „Prozedur" beschränke unzulässig ihre Niederlassungsfreiheit.

Der EuGH sah „nach dem derzeitigen Stand des geltenden Rechts insbesondere der bestehenden Unterschiede in den nationalen Gesellschaftsrechtsordnungen keine Möglichkeit, eine grenzüberschreitende Verlegung des Sitzes unter Wahrung der Identität der Gesellschaft aus der Niederlassungsfreiheit nach Art. 43 EGV zu folgern. Der EG-Vertrag ist in dieser Hinsicht lückenhaft und das Problem der sog. „identitätswahrenden Sitzverlegung" bisher noch nicht gelöst.

Da eine „identitätswahrende" Sitzverlegung im europäischen Recht derzeit nicht möglich ist, bleibt den Unternehmen in der derzeitigen Praxis die Alternative der Gründung eigenständiger Tochtergesellschaften, Agenturen oder sonstigen Außen- bzw. Nebenstellen in einem anderen Mitgliedstaat.

Eine entscheidende Lösung wäre gewonnen, wenn der europäische Gesetzgeber „europäische Gesellschaftsformen" zur Verfügung stellen würde, die in jedem Mitgliedstaat der Europäischen Gemeinschaften gelten würden. Trotz jahrzehntelanger intensiver Bemühungen des europäischen Gesetzgebers zur Verabschiedung einer „europäischen Gegenseitigkeitsgesellschaft", einer „europäischen Genossenschaft", eines „europäischen Vereins", ist es bislang nicht zu diesen europäischen Gesellschaftsformen gekommen (Krimphove: Europäische Fusionskontrolle, S.86 ff.; ders. Europäisches Arbeitsrecht, S. 425 ff. (m.w.H.)). Der europäische Gesetzgeber hat lediglich die „europäische Wirtschaftliche Interessenvereinigung" (EWIV) [Verordnung EWG Nr. 2137/85 vom 25. Juli 1985] – eine der Gesellschaft Bürgerlichen Rechts ähnelnde Unternehmensform – und der „europäischen Aktiengesellschaft" (Verordnung (EG) Nr. 2157/2001 des Rates v. 8. 10. 2001 über das Statut der europäischen Gesellschaft (SE) (ABl. L Nr. 294, S. 1 ff.) als europäische Gesellschaftsform ins Leben rufen können.

Gescheitert sind die Bemühungen insbesondere an der Frage der Mitbestimmung und Mitwirkung der Arbeitnehmer in den Leitungs- bzw. Aufsichtsorganen dieser europäischen Gesellschaftsformen. Die Verordnung (EG) Nr. 2157/2001 des Rates v. 8. 10. 2001 über das Statut der europäischen Gesellschaft (SE) nimmt die Fragen der Arbeitnehmer-Mitbestimmung bewusst aus ihrem Regelungsbereich aus. Zur Regelung der Arbeitnehmer-Mitwirkung in einer SE hat der europäische Gesetzgeber zeitgleich mit der Verordnung (EG) Nr. 2157/2001 die Richtlinie 2001/86/EG des Rates zur Ergänzung des Statuts der europäischen Gesellschaft hinsichtlich der Beteiligung der Arbeitnehmer (ABl. L, Nr. 294, S. 22 ff.) geschaffen. Die Richtlinie 2001/86/EG lässt die sehr unterschiedlichen Mitbestimmungsmodelle der einzelnen Mitgliedstaaten bestehen. Sie gewährt den Arbeitnehmern die Möglichkeit, sich in einem „besonderen Verhandlungsgremium" zu organisieren und mit der Unternehmensleitung die konkreten Fragen der Arbeitnehmer-Mitbestimmung auszuhandeln. Die Richtlinie 2001/86/EG stellt somit die Arbeitnehmer-Mitbestimmung in die Verhandlungsdisposition der Parteien. Nationale Standards sollen die Verhandlungsparteien nicht unterschreiten. Im Fall des Fehlens und insbesondere des Scheiterns der Verhandlungen greifen Mindestanforderungen der Richtlinie 2001/86/EG. Der Inhalt und die Vorgehensweise der Richtlinie 2001/86/EG ähnelt dem des europäischen Betriebsrats (siehe Richtlinie 94/45/EG vom 22. September 1994 über die Einsetzung eines europäischen Betriebsrats oder die Schaffung eines Verfahrens zur Unterrichtung und Anhörung der Arbeitnehmer (ABl. 1994, Nr. L. 254, S. 64)) (Einzelheiten siehe unten).

Eine Weiterentwicklung seiner Rechtsprechung betrieb der EuGH im Fall CENTROS. Das Gericht argumentiert nicht mehr – wie noch bei Daily Mail – mit der Tatsache, dass die Verschiedenheit nationalen Rechts und der geringe Stand der europäischen Harmonisation des Gesellschaftsrechts eine Niederlassung verhindere. Allerdings liegt der Unterschied zwischen dem Fall Daily Mail und CENTROS in dem Umstand, dass CENTROS eine Zweigniederlassung und nicht die identitätswahrende Übertragung seines Sites in ein anderes Rechtssystem begehrte:

CENTROS: EuGH v. 9. 3. 1999 (Rs. C-212/97) CENTROS / Erhvervsog Selskabsstyrelsen in. EuZW 1999, S. 216 ff ✪ 45.

Ein dänisches Ehepaar hat in England die Gesellschaft CENTROS in Form einer „Privat Limited Company" (einer der deutschen GmbH entsprechenden Rechtsform) gegründet. Das englische Recht sieht, anders als das dänische oder deutsche, für die Gründung dieser Gesellschaftsform keine Einzahlung eines Mindestkapitales vor. Dementsprechend blieb CENTROS nicht-kapitalisiert. CENTROS betreibt nun, ohne ihren Geschäftsbetrieb in England aufgenommen zu haben, die Eintragung einer „Zweigniederlassung" in Dänemark. Dies verweigern die dänischen Behörden mit dem Hinweis, dass CENTROS mit der Eintragung nur die Umgehung der Einzahlung eines Mindestkapitalanteils, den das dänische Recht (Gesetz Nr. 886 v. 21. 12. 1991) i.H.v. 200.000 DKR vorsieht, beabsichtige.

Die dänischen Eheleute können sich auf die Niederlassungsfreiheit aus Art. 43 EGV berufen. Denn die Gründung einer Zweigniederlassung fällt unter Art. 43 EGV. Die Berufung auf ihrer Niederlassungsfreiheit erscheint auch nicht rechtsmissbräuchlich. Denn die Vorschriften des EG-Vertrages sehen einen Wechsel der Gesellschaft, die nach dem Recht des Sitzlandes zulässig errichtet worden sind, selbst dann vor, wenn dies zur Einsparung von Steuern geschieht.

Die Untersagung der Niederlassung durch die dänischen Behörden könnte jedoch nach Art. 46 EGV gerechtfertigt sein, wenn für die Untersagung Gründe des **zwingenden Allgemeininteresses** sprächen, die nationale Einschränkung der Niederlassungsfreiheit zur Erreichung des mit dem Rechtfertigungsgrund verfolgten Zieles **geeignet**, **verhältnismäßig** (i.S.v. nicht übermäßig) sei und den europäischen Niederlassungswilligen **nicht diskriminiere**.

Als geeignetes Ziel, welches die Untersagung der dänischen Behörden zulässig machen könnte, käme der Gläubigerschutz, insbesondere der englischen Kunden von CENTROS, in Betracht. Da CENTROS nicht-kapitalisiert ist, gehen ihre Ansprüche möglicherweise schon bald ins Leere. Diese Begründung scheidet dennoch hier aus: Denn CENTROS hat in England noch keine Geschäftstätigkeit aufgenommen. Zum Zweck der Sicherung der englischen Kunden bei zukünftigen Geschäften ist das Verbot der Niederlassung von CENTROS unverhältnismäßig, da übermäßig. Die britischen Kunden könnten nämlich durch die mildere Maßnahme, namentlich dem Einräumen von Sicherheiten genauso effizient geschützt werden. Die Untersagung der Niederlassung verstieß daher gegen europäisches Recht.

Aus dem Primärrecht der Art. 43 ff. EGV und der Rechtsprechung des EuGH ergibt sich folgendes allgemeingültiges Prüfungsschema zur Niederlassungsfreiheit:

Übersicht 24: Prüfungsschema Niederlassungsfreiheit

I Niederlassungsfreiheit

a) Ist das Recht der Niederlassungsfreiheit betroffen? (Beispiel: Daily Mail)
- oder liegt ein Fall insbesondere der Dienstleistungsfreiheit vor (mangelnde Dauerhaftigkeit der Tätigkeit) oder
- fehlt der grenzüberschreitende Bezug (Beispiel: Hamburger Unternehmen nach Stuttgart)?

b) Fällt die unternehmerische/organisatorische Handlungsweise des o.g. Berechtigten unter das Recht der Niederlassungsfreiheit?
  1 Aufnahme dauerhafter Geschäftstätigkeit im Hoheitsgebiet eines europäischen Mitgliedstaats
  2 Übernahme der Unternehmens-Kontrolle i.S.v. Leitungsmacht durch Kapitaleinsatz an einem grenzüberschreitend operierenden Unternehmen (i.d.R. mittel Anteilserwerbes an einer Kapitalgesellschaft)
  3 Errichtung einer grenzüberschreitenden Holding
  4 Bildung eines grenzüberschreitenden Gemeinschaftsunternehmens
  5 Gründung von Tochtergesellschaften und Kanzleien in einem anderen Mitgliedstaat
  6 Einrichtung von Zweigniederlassungen, Agenturen oder sonstigen Außen- bzw. Nebenstellen in einem anderen Mitgliedstaat

c) Steht dieses Recht einem Berechtigten: Unternehmen, Gesellschaften oder privaten Gewerbetreibenden und Freiberuflern zu (Beispiel Ramrath)?
Sonderfrage: Ausschluss der Berufungsmöglichkeit auf das Recht der Niederlassungsfreiheit: Ist ggf. die Berufung auf das Recht der Niederlassungsfreiheit rechtsmissbräuchlich (siehe CENTROS)?

II Der Eingriff in das Recht der Niederlassungsfreiheit

Greifen nationale Maßnahmen in das Recht der Niederlassungsfreiheit ein? D.h., verbietet, untersagt oder erschwert eine nationale Maßnahme die Niederlassung der o.g. Berechtigten (Beispiel: Ramrath, Konstantinides)?

III Rechtfertigung des Eingriffs in das Recht der Niederlassungsfreiheit

Gibt es einen europarechtlich anerkannten Rechtfertigungsgrund für die nationale Einschränkung der Niederlassungsfreiheit?

1 Tätigkeiten der öffentlichen Gewalt (Art. 45 Abs. 1) (Beispiel: Reyners)

2 Gründe der öffentlichen Ordnung, Sicherheit oder Gesundheit (Art. 46 EGV)?

3 speziell: zwingende Gründe des Allgemeininteresses (siehe CENTROS)

   – erfordern die nationale Maßnahme,

   – diese darf insbesondere nicht derart hoch sein, dass sie faktisch das Recht der Niederlassungsfreiheit ausschließt,

   – ferner darf sie den Niederlassungswilligen nicht (gegenüber Inländern) diskriminieren.

(Die nationale Maßnahme darf ferner nicht weitere diskriminierende Aspekte enthalten.)

IV Die Verhältnismäßigkeit des gerechtfertigten Eingriffs

Ist die getroffene nationale Maßnahme verhältnismäßig (Beispiel CENTROS)? D.h., ist sie

1 erforderlich, um das mit ihr verfolgte Ziel zu erreichen,

2 geeignet um dieses Ziel zu erreichen und

3 verhältnismäßig? D.h. steht die Maßnahme in einem geeigneten Verhältnis zum angestrebten Mittel? Ist insbesondere die gerechtfertigte nationale Maßnahme nicht übermäßig?

6. Die Arbeitnehmerfreizügigkeit

Auch die Niederlassungsfreiheit wäre unvollständig, wenn der Niederlassende zwar die Freiheit hätte, seine Produktion in andere europäische Mitgliedstaaten zu verlegen, ohne dort nicht ausreichend bzw. genügend qualifizierte Arbeitnehmer einsetzen zu können. Art. 39 EGV (die Arbeitnehmerfreizügigkeit) umfasst das Recht eines jeden „europäischen Arbeitnehmers", grenzüberschreitend in jedem Mitgliedsland seine Arbeitsleistung zu erbringen.

Im Gegensatz zur Dienstleistungsfreiheit (siehe unten) sichert die Arbeitnehmerfreizügigkeit die Freizügigkeit der in einem Arbeitsverhältnis „abhängig Beschäftigten". Diesen stehen folgende Rechtspositionen als eigenes Recht zu:

Übersicht 25: Rechtspositionen des „europäischen Arbeitnehmers"

1 Das Recht auf ungehinderte **Arbeitsaufnahme** in jedem europäischen Mitgliedsland.

2 Das Recht auf freie **Einreise** in jedes der europäischen Mitgliedsländer zum Zweck der dortigen Arbeitsaufnahme.

3 Ein **Aufenthaltsrecht** eines europäischen Arbeitnehmers in jedem europäischen Mitgliedsland zum Zweck der Arbeitsuche und der Arbeitsausführung.

4 Das **Verbleiberecht** des Arbeitnehmers nach Beendigung seiner Beschäftigung sowie

5 Das **Verbot der Ungleichbehandlung** europäischer Arbeitnehmer zu ihren inländischen Arbeitnehmern (Diskriminierungsverbot). Das Diskriminierungsverbot schließt auch den Zugang „europäischer Arbeitnehmer" zu den unternehmerischen und betrieblichen Organen der Arbeitnehmermitbestimmung und Arbeitnehmervertretung ein.

Die oben genannten Rechtspositionen der Freizügigkeit europäischer Arbeitnehmer gewährleisten das Recht auf **Anerkennung von Hochschuldiplomen** und beruflichen **Ausbildungsleistungen** innerhalb Europas (siehe oben).

Voraussetzung der Anwendung des Rechts der Arbeitnehmerfreizügigkeit gemäß Art. 39 ff. EGV ist, dass der EG-Vertrag überhaupt anwendbar ist. Dies ist nur dann der Fall, wenn die erbrachte Tätigkeit einen „wirtschaftlichen Wert" besitzt. Rein therapeutische Arbeitseinsätze oder wohltätige, ideelle Tätigkeiten z.B. aus dem Bereich der Kultur und des Sports, scheiden aus dem Anwendungsbereich des Art. 39 ff. EGV aus.

Bosman: EuGH v. 15. 12. 1995 (Rs. C-415/93) Union royal belge des société de football association ASBL gegen Jean Marc Bosman, Slg. I 1995, S. 4921 ✎ 46 Herr Bosman ist Fußballspieler eines belgischen Vereins. Als solcher unterliegt er den belgischen Transferregelungen für Fußballspieler. Diese machten einen Wechsel zu einem französischen Fußballverein unmöglich, da sie den Wechsel von einer Genehmigung durch den belgischen Verein und/oder von extrem hohen Geldaufwendungen des Aufnahmevereins abhängig machen.
Der EuGH sieht in der Transferregelung einen Eingriff in die in Art. 39 EGV gewährte Freizügigkeit europäischer Arbeitnehmer. Er hatte keine Bedenken den EG-Vertrag und damit dessen Art. 39 zur Überprüfung der Regeln von Sportverbänden anzuwenden. Denn der „Profi-Fußball" stelle eine wirtschaftliche Tätigkeit dar, deren rechtliche Zulässigkeit nach Art. 2 EGV an den Regelungen des EG-Vertrages zu messen sei.
Vergl. auch: EuGH v. 13. 4. 2000 (Rs. C-176/96) Jyri Lehtonen, Castors Canada Dry Namur-Brain ASBL gegen Fédaration royals belge des sociétés de basket-ball ASBL [FRBSB]) in: EuZW 2000, S. 375 ✎ 47; EuGH v. 14, 7. 1976 (Rs. 13/76) Gaetano Donà gegen Mario Mantero, Slg. 1976, S. 1333 ✎ 48; EuGH v. 12. 12. 1974 (Rs. 36/74) B. N. O. Walrave und L. J. N. Koch gegen Association Union Cycliste International, Slg. 1974, S. 1405 ✎ 49

Zu einem anderen Ergebnis käme der EuGH bei Spieleinsätzen im Rahmen des „Amateur-Fußballes". Diese Tätigkeiten (Freundschaftsspiele, Jugendmeisterschaften etc.) erfolgen überwiegend aus sportlich/ideellen, und damit nicht-wirtschaftlichen Gründen. Diese Art der Tätigkeit reglementiert der EG-Vertrag nicht. Amateurfußballspieler können sich daher grundsätzlich nicht auf die Arbeitnehmerfreizügigkeit berufen.

Der Begriff des „europäischen Arbeitnehmers"

Um dem Recht auf Arbeitnehmerfreizügigkeit breiten Raum einzuräumen, fasst Art. 39 EGV den Begriff des Arbeitnehmers weit: So findet Art. 39 EGV auch auf Teilzeitarbeitskräfte Anwendung, selbst wenn nationale Rechtsordnungen den Ausführenden dieser Tätigkeiten die Eigenschaft als Arbeitnehmer absprechen:

Kempf; EuGH v. 3. 6. 1986 (Rs. 139/85) R. H. Kempf gegen Staatssecretaris van Justitie, Slg. 1986, 1741 ✎ 50

Der deutsche Herr Kempf war in den Niederlanden als Musiklehrer in Teilzeitarbeit beschäftigt. Da dieser Verdienst nicht ausreichte, gewährte ihm der niederländische Staat Unterstützung nach dem „Gesetz zur Regelung staatlicher Leistungen für Arbeitslose". Eine später beantragte Aufenthaltserlaubnis lehnten die niederländischen Behörden mit der Begründung ab, Herr Kempf sei nach dem niederländischen Recht kein Arbeitnehmer i.S.d. Art. 38 ff. EGV, da er die niederländische Staatskasse in Anspruch genommen habe und daher seinen eigenen Lebensunterhalt selbst nicht durch seine Tätigkeit erwirtschaften könne.

Der EuGH lehnte die nationale Bestimmung des Arbeitnehmerbegriffs an Hand der Höhe des Arbeitsentgeltsab. Der Umstand, dass ein Arbeitnehmer zu seinem Arbeitsentgelt auf öffentliche Mittel angewiesen sei, führt nicht zur Verneinung seiner Eigenschaft als Arbeitnehmer i.S.d. Art. 39 EGV und damit auch nicht zur Versagung der Freizügigkeit. Die Wirksamkeit des Gemeinschaftsrechts wird unzulässig beeinträchtigt, wenn nationale Regelungen das europäische Recht der Arbeitnehmerfreizügigkeit des Arbeitnehmers ausschlössen und allein Vollbeschäftigte mit einem existenzsichernden Gehalt in den Genuss der Freizügigkeit kämen (siehe auch Levin; EuGH v. 23. 3. 1982 (Rs. 53/81) D. M. Levin gegen Staatssecretaris van Justitie, Slg. 82, S. 1035) ✎ 51.

Die Ausweitung des Schutzes der Arbeitnehmerfreizügigkeit

In den Schutz der Arbeitnehmerfreizügigkeit fallen auch: **Ehegatten**, **Kinder** und weitgehend auch die **Familienangehörige** des europäischen Arbeitnehmers.

- Verordnung 1612/68/EWG des Rates vom 15. 10. 1968 über die Freizügigkeit der Arbeitnehmer innerhalb der Gemeinschaft (ABl. 1968, Nr. 257, S. 1)

- Richtlinie 68/360/EWG des Rates vom 15. 10. 1968 zur Aufhebung der Reise- und Aufenthaltsbeschränkungen für Arbeitnehmer der Mitgliedstaaten und ihre Familienangehörigen innerhalb der Gemeinschaft (ABl. 1968, Nr. L 257, S. 13)

- Richtlinie 90/364/EWG des Rates vom 28. 6. 1990 über das Aufenthaltsrecht (ABl. 1990, Nr. L 180, S. 26)

Das Verbleiberecht aus der Arbeitnehmerfreizügigkeit erstreckt sich ebenfalls auf Arbeitnehmer, die ihr Arbeitsverhältnis in einem anderen Mitgliedstaat beendet haben.

- Verordnung 1251/70/EWG der Kommission vom 29. 6. 1970 über das Recht der Arbeitnehmer, nach Beendigung einer Beschäftigung im Hoheitsgebiet eines Mitgliedstaatszu verbleiben (ABl. 1970, Nr. L 142, S. 24)

Denn ein europäischer Arbeitnehmer wäre (im Vergleich zu Inländern) benachteiligt, wenn sich sein Schutz nicht auf seine Angehörigen erstreckte. Er wäre an der Wahrnehmung seines Rechts auf Arbeitnehmerfreizügigkeit gehindert.

Gül; EuGH v. 07. 05. 1986 (Rs. 131/85) Emir Gül gegen Regierungspräsident Düsseldorf, Slg. 1986, S.1573 ✪ 52

Herr Gül, ein zypriotischer Staatsangehöriger, ist mit einer Engländerin verheiratet. Er lebt und arbeitet mit seiner Ehefrau in Deutschland als Arzt. Auf Grund der EG-Staatsangehörigkeit seiner Ehefrau und deren beruflicher Tätigkeit in der Bundesrepublik, beantragt Herr Gül eine ständige Berufserlaubnis als Arzt in der Bundesrepublik. Diese versagten ihm die deutschen Behörden, mit der Begründung, eine sog. „Approbation" stünde nur Deutschen, EG-Bürgern oder Heimatlosen, nicht aber Bürgern eines „Drittstaates" zu.

Der EuGH sah hierin einen Verstoß gegen die Zugangsmöglichkeiten zu einem Beruf. Diese Rechtsposition wird dem Angehörigen (hier: dem zypriotischen Ehegatten) eines europäischen Arbeitnehmers – als Ausfluss deren Freizügigkeitsrechts – gewährt. Voraussetzung des Zuganges zum Arztberuf ist demnach nur das Vorliegen der, nach den Rechtsvorschriften des Aufnahmestaatsvorgesehenen, beruflichen Qualifikationen und Diplome.

Die Erstreckung der Arbeitnehmerfreizügigkeit auf die Angehörigen des europäischen Arbeitnehmers geht in der Praxis sogar so weit, dass die Ausbildung seiner Kinder staatlicherseits ebenso zu fördern ist wie die der Kinder inländischer Arbeitnehmer:

Di Leo; EuGH v. 13. 11. 1990 (Rs. 308/89) Carmina di Leo gegen Land Berlin, Slg. I 1990, S. 4185 ✪ 53

Die Tochter eines in Deutschland lebenden und arbeitenden italienischen Arbeitnehmers beantragte bei den zuständigen deutschen Behörden Leistungen nach dem deutschen Berufsausbildungsförderungs-Gesetz. Sie wollte ihr Studium nicht in Deutschland, sondern in Italien aufnehmen. Die deutschen Behörden stehen auf dem Standpunkt, dass Leistungen nach dem deutschen BAföG an Kinder von Arbeitnehmern aus einem anderen europäischen Mitgliedsland allenfalls für ein Studium in Deutschland gezahlt werden können.

Der EuGH hielt diese Argumentation für nicht schlüssig: Ein Kind eines europäischen Arbeitnehmers ist denen eines Inländers gleichzustellen. Da diese Förderungsleistungen Kinder von Inländern auch für Auslandsaufenthalte erhalten, steht dasselbe Recht dem Kind des europäischen Arbeitnehmers zu. Es kann daher nicht nur wie ein Kind eines inländischen Arbeitnehmers Förderungsleistungen überhaupt, sondern auch diese Förderleistungen für ein Auslandsstudium beantragen.

(Siehe auch **Casagrande**; EuGH v. 3. 7. 1974 (Rs. 9/74) Donato Casagrande gegen Landeshauptstadt München, Slg. 1974, S. 773 ✍ 54; vergl. auch EuGH v. 27. 9. 1988 (Rs. 235/87) Annunciata Matteucci gegen Communauté francaise de Belgique et Commissariat général aux rélations internationales de la Communauté francaise de Belgique, Slg. 1988, S. 5589 Annuniata Matteucci) ✍ 55; **Echternach, Moritz**; EuGH v. 15. 3. 1989 (Rs. 389 und 390/87) G. B. C. Echternach und A. Moritz gegen Minister van Onderwijs en Wettenschappen, Slg. 1989, S. 723 ✍ 56; **Michel S.**; EuGH v. 11. 4. 1973 (Rs. 76/72) Michel S. gegen Fonds national de reclassement social des handicapé, Slg. 1973, S. 457) ✍ 57; EuGH v. 4. 5. 1995 (Rs. C-7/94) Landesamt für Ausbildungsförderung Nordrhein-Westfalen gegen Lubor Gaal ✍ 58; EuGH v. 8. 6. 1999 (Rs. C-337/97) C.P.M. Meeusen gegen Hoofddirectie van Informatie Beheer Groeo (Slg. 1999, S. I-3289) ✍ 59

Die Rechtsposition der Angehörigen ist lediglich abgleitet aus dem Recht der Arbeitnehmerfreizügigkeit des europäischen Arbeitnehmers. Damit setzen die Rechte der Angehörigen voaus, dass dem Arbeitnehmer die Rechtsposition aus Art. 39 EGV tatsächlich auch zusteht. Das ist namentlich dann nicht der Fall, wenn der Arbeitnehmer Art. 39 EGV deswegen nicht in Anspruch nehmen kann, weil kein grenzüberschreitender Arbeitseinsatz bestand. Art. 39 EGV setzt nämlich – wie die anderen Grundfreiheiten des EG-Vertrages – einen grenzüberschreitenden Bezug voaus und ist daher auf rein inländische Arbeitseinsätze bzw. Arbeitsplatzwechsel im Inland nicht anwendbar.

Morson, Jhanjan; EuGH v. 27. 10. 1982 (Rs. 35 und 36/82) Elestina Esselina Christina Morson gegen Niederländischen Staat und Leiter der Ortspolizeibehörde i.S.d. Vreemdelingenwet, Sewradjie Jhanjan gegen Niederländischen Staat, Slg. 1982, S.3723 ✐ 60

Frau Morson und Frau Jhanjan, beide Staatsangehörige der Republik Surinam, beantragten vergeblich bei den niederländischen Behörden eine Aufenthaltserlaubnis, um sich bei ihrer Tochter bzw. ihrem Sohn – welche die niederländische Staatsangehörigkeit besitzen und für den Unterhalt der Frauen aufkommen – in den Niederlanden niederzulassen. Sowohl die Tochter als auch der Sohn sind in den Niederlanden unselbstständig beschäftigt. Beide Kinder haben jedoch nie in einem anderen europäischen Mitgliedsland gearbeitet.

Der EuGH lehnt zu Recht die Anwendung der Grundzüge des Freizügigkeitsrechts auf diesen Fall ab. Die Kinder von Frau Morson und Frau Jhanjan können das Recht auf Arbeitnehmerfreizügigkeit nicht in Anspruch nehmen. Sie selbst haben nie grenzüberschreitend d.h. in einem anderen Mitgliedstaat gearbeitet. Erfüllen die Arbeitnehmer (hier die Kinder von Frau Morson und Frau Jhanjan) die Voraussetzungen des Art. 39 EGV nicht, können sich ihre Angehörigen auch nicht auf ihr vermeintliches Aufenthaltsrecht berufen. Ein eigenständiges Aufenthaltsrecht des Angehörigen gewährt ihnen die europäische Rechtslage nicht. Die Niederlande konnten folglich die Erteilung einer Aufenthaltserlaubnis verweigern, ohne in die Gefahr der Verletzung des Freizügigkeitsrechts aus Art. 39 EGV zu geraten.

Europarecht im Verhältnis Arbeitnehmer / Arbeitgeber

Vorerst richtet sich der Anspruch auf Arbeitnehmerfreizügigkeit gegen den Mitgliedstaat. Dieser muss nicht nur die Einreise des „europäischen Arbeitnehmers" in sein Hoheitsgebiet, seinen dortigen **Aufenthalt** und **Verbleib** dulden. Der Mitgliedstaat darf ferner die Ausübung der Arbeitnehmerfreizügigkeit nicht erschweren.

Beispiel: Eine langwierige (ca. 2-stündige) bzw. auf „unnötig lästige Weise" vorgenommne Kontrolle von Kennkarten oder Sichtvermerken oder ähnlichen Nachweisen auf Ausweisen (Art. 3 Abs. 2 Richtlinie 68/360/EWG) beim täglichen Grenzübertritt eines „europäischen Arbeitnehmers" behindert in unzulässiger Weise dessen Recht auf Ausübung seiner Arbeitnehmerfreizügigkeit und ist daher europarechtswidrig. (**Kommission/Belgien**; EuGH v. 27. 4. 1989 (Rs. 321/87) Kommission der Europäischen Gemeinschaften gegen Königreich Belgien, Slg. 1989, S. 997 (Art. 3 Abs. 2 Richtlinie 68/360/EWG) ✐ 61).

Nach Art. 39 EGV besitzt der europäische Arbeitnehmer auch einen eigenen Rechtsanspruch unmittelbar gegenüber seinem Arbeitgeber. Dieser Rechtsanspruch leitet die Rechtsprechung des EuGH aus dem Diskriminierungsverbot des Art. 39 EGV bzw. dem Gleichbehandlungsgebot des europäischen Arbeitnehmers zu inländischen Arbeitnehmern nach Art. 39 Abs. 2 EGV ab. Entsprechend dem Gleichbehandlungsgebot aus Art. 39 EGV hat ein Arbeitgeber alle seine Mitarbeiter – unabhängig aus welchem europäischen Land sie stammen – in allen Fragen des (individuellen und kollektiven) Arbeitsrechts – wie bei der Ausschreibung von Stellen, Bewerbungsverfahren, Einstellung, Entlohnung, alle sonstigen Arbeitsbedingungen wie Urlaub, Schutzrechte, Kündigung etc. – gleich zu behandeln. Folgende Fälle führen beispielhaft die wichtigsten Sachverhalte der Pflicht des Arbeitgebers auf Gleichbehandlung europäischer Arbeitnehmer auf:

- **Gleiche Einstellungschancen:**

  Scholz; EuGH v. 23. 2. 1994 (Rs. C-419/92), Ingetraut Scholz gegen Opera Universitaria di Cagliari und Cinzia Porcedda Slg. I 1994, S. 505 ✪ 62

  Frau Scholz bewarb sich um einen Arbeitsplatz in der Kantine der Universität Cagliari. Nach ihrer Berufserfahrung im öffentlichen Dienst befragt, konnte die Klägerin auf ihre damalige Tätigkeit bei der deutschen Bundespost verweisen. Der italienische Arbeitgeber wollte ihr diese Berufserfahrung nicht anrechnen, da Frau Scholz sie im deutschen öffentlichen Dienst und nicht im italienischen erworben hatte.

  Der EuGH sah in der Weigerung des italienischen Arbeitgebers, die in Deutschland gewonnene Berufserfahrung von Frau Scholz anlässlich ihrer Bewerbung anzurechnen, eine mit dem Recht auf Berufszugangsfreiheit i.S.d. Art. 48 ff. EGV unzulässige Diskriminierung der Bewerberin.

  Macht der Arbeitgeber also Einstellungen bzw. Einstufungen des Arbeitnehmers, insbesondere dessen tarifliche Eingruppierung sowie den beruflichen Aufstieg der Arbeitnehmer (Beförderungen) von dem Umstand einer bestehenden Berufserfahrung abhängig, so muss er eine in einem anderen europäischen Mitgliedsland erworbene Berufserfahrung in gleicher Weise anrechnen wie eine im Inland erarbeitete.

- **Gleichbehandlung bei der Wiederaufnahme der Arbeit:**

  Ugliola; EuGH v. 15. 10. 1969 (Rs. 15/69) Württembergische Milchverwertung Südmilch-AG gegen Salvatore Ugliola, Slg. 1969, S. 363 ✪ 63

  Der italienische Staatsbürger, Herr Ugliola, arbeitete – bevor er seinen Wehrdienst in Italien antrat – in der Bundesrepublik Deutschland. Sein deutscher Arbeitgeber wollte Herrn Ugliola, nach dessen Wiederaufnahme der Arbeit bei ihm, den in Italien abgeleisteten Wehrdienst nicht auf die Zeit der Betriebszugehörigkeit in dem deutschen Unternehmen anrechnen. Der Arbeitgeber wandte ein, die für einen Deutschen geltende entsprechende Regelung des Arbeitsplatzschutzgesetzes – zur Anrechnung des Wehrdienstsauf die Betriebszugehörigkeit – greife für Herrn Ugliola nicht. Herr Ugliola sei erstens kein Deutscher. Zweitens habe er seinen Wehrdienst nicht bei dem deutschen Militär, sondern beim italienischen abgeleistet.

Der Gerichtshof sah in dieser Vorgehensweise eine gegen Art. 39 EGV verstoßende Ungleichbehandlung eines europäischen Arbeitnehmers. Die gesetzliche Regelung des deutschen Arbeitsplatzschutzgesetzes ist daher insofern nichtig, als sie die Anrechnung von Wehrdienstzeiten europäischer Arbeitnehmer, die in einem anderen Mitgliedsland in Arbeit stehen, ausnimmt. Dies gilt auch dann, wenn der europäische Arbeitnehmer seinen Wehrdienst in seinem Heimatland ableistet. Somit bejahte der EuGH einen Anspruch des Herrn Ugliola auf Anrechnung dessen in Italien absolvierten Wehrdienstsauf die Betriebszugehörigkeitszeit bei dem deutschen Arbeitgeber.

- **Gleichbehandlung im Entgeltfortzahlungsrecht:**

  Ein besonders umstrittenes Beispiel des Gleichbehandlungsgebotsgibt der Fall „Paletta" ab:

  Paletta; EuGH v. 3. 6. 1992 (Rs. C-45/90) Alberto, Vittorio, Raffaela und Carmela Paletta gegen Brennert AG, ABl. 1992, Nr. C 166/10 ✪ 64

  Die vier Mitglieder der italienischen Familie Paletta ließen sich – im Anschluss an ihren italienischen Heimaturlaub – gemeinsam von einem italienischen Arzt krankschreiben. Hierdurch verlängerte sich ihr Jahresurlaub. Ihr deutscher Arbeitgeber verweigerte die Entgeltfortzahlung im Krankheitsfall. Es gab gravierende Zweifel an einer tatsächlich bestehenden krankheitsbedingten Arbeitsunfähigkeit der vier Arbeitnehmer: So trat nahezu jährlich bei den Mitgliedern der italienischen Familie eine mehrwöchige Krankheit dann auf, wenn sie sich in dem gemeinsamen Heimaturlaub befanden.

  Der Gerichtshof folgerte aus der Arbeitnehmerfreizügigkeit von Herrn Paletta, dass der Arbeitgeber an die in einem anderen Mitgliedsland getroffenen ärztlichen Feststellungen über den Eintritt und die Dauer der Arbeitsunfähigkeit gebunden ist. Er begründet sein Auslegungsergebnis mit der Garantie der Arbeitnehmerfreizügigkeit und dem Gebot, europäische Arbeitnehmer den inländischen gleichzustellen. Es bleibt dem Arbeitgeber lediglich die Möglichkeit, dem Arbeitnehmer nachzuweisen, dass dieser die Krankschreibung betrügerisch erschlichen hat. Bei einer Krankschreibung im Ausland ist dies in der Praxis eine kaum zu realisierende Tatsache.

> ■ *ACHTUNG!*
> *Die ehemalige deutsche, anderslautende Beweislastregelung, nach der der Arbeitgeber lediglich Anhaltspunkte bzw. Indizien behaupten musste, die seinen Verdacht, der Arbeitnehmer habe sich die Krankschreibung betrügerisch erschlichen, stützten, verstößt ebenfalls gegen die Arbeitnehmerfreizügigkeit europäischer Arbeitnehmer und war daher – zumindest ihnen gegenüber – nichtig. Denn diese Beweislastumkehr legt dem europäischen Arbeitnehmer die Pflicht auf, die Richtigkeit seines Attests zu belegen. Diese Beweislastregelung stellt daher europäische Arbeitnehmer, die wie Inländer auch das Recht haben, in ihrem Heimatstaat Urlaub zu verbringen, faktisch gegenüber inländischen Arbeitnehmern schlechter. **Paletta II** EuGH v. 2. 5. 1996 (Rs. C-206/94) Brennert AG gegen Vittorio Paletta, Slg. I 1996, S. 2357* ✍ 65.* ■

Der Fall Paletta II verdeutlicht noch einmal, dass es auch im Recht der Arbeitnehmerfreizügigkeit zu missliebigen Inländerungleichbehandlungen kommen kann. Denn die Rechtsfolge der Nichtigkeit der nationalen deutschen Beweislastregel tritt nur ein, wenn sie gegen die Arbeitnehmerfreizügigkeit europäischer Arbeitnehmer verstößt. Ein aus Deutschland stammender und auch dort arbeitender Arbeitnehmer hätte sich nicht auf die Europarechtswidrigkeit und Unwirksamkeit dieser Beweisregelung berufen können.

Einschränkung der Arbeitnehmerfreizügigkeit

Wie die anderen Europäischen Grundfreiheiten, ist auch die Arbeitnehmerfreizügigkeit durch nationale Gründe einschränkbar. In Betracht kommen hier Tätigkeiten in der **öffentlichen Verwaltung** (Art. 39 Abs. 4 EGV). Diese sollen grundsätzlich im Selbstverwaltungsrecht eines jeden europäischen Mitgliedslandes verbleiben. Auch hier fordert das Recht der Arbeitnehmerfreizügigkeit eine enge Auslegung des Begriffes der „öffentlichen Verwaltung". Wie schon bei der Niederlassungsfreiheit dargestellt, umfasst sie nur jene Tätigkeiten, bei denen der Staat hoheitlich, also mit Ordnungs- und Zwangsmitteln gegenüber dem Bürger auftritt (siehe oben). Zu diesen Tätigkeiten zählen nicht:

Übersicht 26: Tätigkeiten, die nicht zur „öffentlichen Verwaltung" zählen

- Opernsänger an einem staatlichen Opernhaus
- Pflegetätigkeit von Kranken-, Säuglings- und Kinderschwestern sowie Krankenpflegern an öffentlichen Krankenhäusern
- Eisenbahn-, Lade-, Gleisbau-, Rangier- und Stellwerkarbeiter, Lokomotivführer, Nachtwächter, Schreiner, Elektriker, Gärtnereigehilfen im Staatsdienst
- Fremdsprachenlektor an einer staatlichen Universität
- Forschungstätigkeit an einem staatlichen Wissenschaftsinstitut
- Die Tätigkeit eines Referendars im pädagogischen Vorbereitungsdienst bei der Ausübung von Lehrtätigkeiten in einem anderen Mitgliedsland

Die Arbeitnehmerfreizügigkeit ist ferner zur Vermeidung einer Gefährdung und Beeinträchtigung der **öffentlichen Ordnung**, der **Sicherheit** und der **Gesundheit** (Art. 39 Abs. 3 EGV) eingrenzbar.

Auch im Recht der gerechtfertigten nationalen Eingrenzung und Beschränkung der Arbeitnehmerfreizügigkeit ist der Grundsatz der **Verhältnismäßigkeit** (siehe oben), des **Diskriminierungsverbots** sowie der **Ausschluss der rechtsmissbräuchlichen Berufung** auf nationale Rechtspositionen zu beachten. Über einen aufschlussreichen Fall einer vermeintlich gerechtfertigten nationalen Einschränkung der Arbeitnehmerfreizügigkeit zur Sicherung der „öffentlichen Sittlichkeit" hatte der EuGH im Fall **Adoui, Cournaille** zu befinden:

Adoui, Cournaille; EuGH v. 18. 5. 1982 (Rs. 115 und 116/81) Rezguina Adoui gegen Belgischen Staat und Stadt Lüttich; Dominique Cournaille gegen Belgischen Staat, Slg. 1982, S. 1665 ✎ 66
Die Französinnen Adoui und Cornuaille arbeiten in Belgien als Bar-Damen und Peep-Show-Girls. Belgische Behörden wollten die Frauen ausweisen, da sie die öffentliche Sittlichkeit beeinträchtigen.
Der Gerichtshof hielt das Vorgehen der belgischen Behörden für unzulässig. Erstmals zog hier der EuGH – ohne das Vorliegen einer Sittlichkeitsstörung im Einzelnen zu ermitteln – den Grundsatz der „Inländergleichbehandlung" und der „rechtsmissbräuchlichen Berufung auf den Rechtfertigungsgrund der öffentlichen

Sittlichkeit" – zur Lösung des Falles heran. So argumentierte der Gerichtshof: Wenn der belgische Staat das Vorgehen seiner eigenen Prostituierten nicht sanktioniere, dürfe er auch nicht Prostituierte, mit der Staatsangehörigkeit anderer Mitgliedsländer, mit einer Aufenthaltsverweigerung bestrafen.

Siehe auch **Bonsignore**; EuGH v. 26. 2. 1975 (Rs. 76/74) Carmelo Angelo Bonsignore gegen Oberstadtdirektor der Stadt Köln, Slg. 1975, S. 297

✒ Die Möglichkeit der Kontrolle der vorangegangenen Ausführungen bieten die interaktiven Fragen auf der CD (Test 4).

7. Die Kapital- und Zahlungsverkehrsfreiheit

Die Zahlungsverkehrsfreiheit dient der Begleichung von Warenlieferungen, Dienstleistungen, Arbeitsentgelten und sonstigen betrieblichen Aufwendungen. Sie unterstützt daher die Warenverkehrs-, die Dienstleistungs-, die Niederlassungsfreiheit, sowie die Arbeitnehmerfreizügigkeit. Zu diesem Zweck dürfen Unternehmen und Bürger insbesondere Banknoten, Wechsel, Schecks, Akkreditive in einem anderen Mitgliedsland einsetzen:

Luisi und **Carbone**; EuGH v. 31. 1. 1984 (Rs. 286/82 und 26/83) Graziana Luisi und Giuseppe Carbone gegen Ministero del Tesoro, Slg. 1984, S. 377 ✒ 67
Frau Luisi und Herr Carbone hatten weit über 500.000 Lire aus Italien ausgeführt. Das italienische Devisenrecht erlaubte nur eine Ausfuhr von bis zu 500.000 Lire. Frau Luisi trug vor, sie brauche den hohen Geldbetrag, um mit ihm Arztrechnungen in Deutschland zu bezahlen. Herr Carbone wollte mit dem Geld für seinen 3 monatigen Deutschlandurlaub aufkommen.
Der EuGH erkannte, dass das italienische Devisenrecht gegen das Europarecht, namentlich gegen die Kapital- und Zahlungsverkehrsfreiheit des Art. 73 b Abs. 2 EGV verstößt.

Die **Kapitalverkehrsfreiheit** ermöglicht den freien und einseitigen Transfer von Kapital. Sie ist also nicht an den Zweck der Bezahlung von Forderungen gebunden. Hauptbeispiel der Kapitalverkehrsfreiheit ist die Anlage von Geld in einem anderen Mitgliedstaat. Bei der Kapitalverkehrsfreiheit kann man auch von dem „Anlagerecht europäischer Bürger" sprechen. Unter den Begriff des „Kapitals" fallen nicht nur Zahlungsmittel oder Divisen, sondern auch Erbschaften, Beteiligungen an Unternehmen, Anleihen, Langzeit-Darlehen, Bürgschaften, Wertpapieren etc.

Besondere Bedeutung gewinnt das Recht der Kapitalverkehrsfreiheit, wenn das Kapital der Besicherung von Warenlieferungen und Forderungen etwa für empfangene Dienstleistungen aus dem europäischen Ausland dient. Die verschiedenen europäischen Rechtsordnungen stellen unterschiedliche Sicherungsrechte zur Verfügung. Diese sind nicht kompatible Möglichkeiten der Kreditsicherung. Dies gilt insbesondere für die „besitzlosen" Sicherungsrechte wie die Sicherungsübereignung und den Eigentumsvorbehalt.

Die Möglichkeit der Beschränkung der Kapital- und Zahlungsverkehrsfreiheit durch nationale Gesetzgeber, Gericht und/oder Behörden fasst die Rechtsprechung des EuGH weiter als die Einschränkung anderer Grundfreiheiten (siehe oben). Die Kapital- und Zahlungsverkehrsfreiheit können nationale Maßnahmen einschränken, wenn folgende Rechtfertigungsgründe vorliegen:

Übersicht 27: Rechtfertigungsgründe der Einschränkung der Kapital- und Zahlungsverkehrsfreiheit

1	Anderslautende Abmachung mit Drittland (Art. 57 EGV)
2	Vorbeugung und Kontrolle von Steuerdelikten (Steuerumgehung, -flucht, -hinterziehung) (Art. 58 Abs. 1 EGV)
3	Gründe der öffentlichen Sicherheit und Ordnung (Art. 58 Abs. 1 b EGV)
4	Schutzmaßnahmen – bis zu 6 Monaten – bei außergewöhnlichen Störungen im Verkehr mit Drittländern (Art. 59 EGV)
5	Europäische Sanktionen gegenüber einem Drittstaat (Art. 60 EGV)
6	Daneben kennt das Recht der Kapital- und Zahlungsverkehrsfreiheit auch den Rechtfertigungsgrund des „zwingenden Allgemeininteresses" (siehe Casati; EuGH v. 11. 11. 1981 (Rs. 203/80) Strafverfahren gegen Guerrino Casati), Slg. 1981, 2595 ✍ 68; Trummer und Mayer; EuGH v. 16. 3. 1999 (Rs. C-222/97) Trummer und Mayer, Slg. I 1999, S. 1661).

Trotz des Bestehens von Rechtfertigungsgründen muss die nationale Maßnahme zur Begrenzung der Kapital- und Zahlungsverkehrsfreiheit **verhältnismäßig** sein. Die jeweilige nationale Maßnahme muss daher zur Verfolgung des mit dem jeweiligen Rechtfertigungsgrund verfolgten Zieles **erforderlich** und **geeignet** sein, und darf den europäischen Bürger nicht **übermäßig** belasten.

Beispiel: So ist die Einführung einer nationalen Genehmigung für den Zahlungsverkehr selbst dann übermäßig und unverhältnismäßig und somit europarechtswidrig, wenn er das nach Art. 58 Abs. 1 b EGV gerechtfertigte Ziel des Schutzes der öffentlichen Ordnung vor Straftatbeständen, etwa der Geldwäsche, verfolgt. Denn statt des Vorbehalt seiner Genehmigung, können Melde- und Anzeigepflichten der Banken oder Kreditinstitute dasselbe Ziel, nämlich den Schutz der öffentlichen Ordnung weniger belastend realisieren.

Nur in seltenen Ausnahmefällen erscheint ein mitgliedstaatlicher Eingriff in die Kapital- und Zahlungsverkehrsfreiheit rechtmäßig und verhältnismäßig und damit europarechtskonform. Eine wohl für das gesamte Europarecht richtungsweisende Entscheidung hat der EuGH im Rechtsstreit „Scientologie Paris" getroffen. Hier legt der EuGH erstmals fest, dass eine nationale Maßnahme nicht nur gerechtfertigt und verhältnismäßig sein muss. Erforderlich ist zudem, dass sie ihrerseits hinreichend bestimmt ist, m.a.W., dass sie dem Bürger auch verständlich ist.

Scientologie Paris: EuGH v. 14. 3. 2000 (Rs. C-54/99) Association Èglise de Scientologie de Paris und Scientology International Reserves Trust gegen Premier Ministre, Slg. I 2000, S. 1335 ✪ 69

Im Frühjahr 1995 wollte die „US-amerikanische Scientology" zur Übernahme des gesamten Vermögens der „Französischen Scientologie" Geld nach Frankreich überweisen. Im Herbst desselben Jahres beabsichtigte die „Britische Scientology" auf Rechnung der „US-amerikanischen Scientology" die gesamten Schulden der „Französische Scientology" zu begleichen. Das Französische Recht sah eine Genehmigung für alle ausländischen Direktinvestitionen, die „geeignet sind die öffentliche Ordnung Frankreichs zu gefährden", vor. Der US-amerikanischen und Britischen Scientology erteilten die französischen Behörden die Genehmigung nicht. Insbesondere die französische wie die Britische Scientology wendet sich gegen das Erfordernis einer Genehmigungspflicht im französischen Recht. Schon die Genehmigungspflicht verstoße – ihrer Meinung nach – gegen die vertraglich garantierte Kapital- und Zahlungsverkehrsfreiheit.

Die Genehmigungspflicht stellt eine Beeinträchtigung der Kapital- und Zahlungsverkehrsfreiheit dar. Der EuGH lässt jedoch offen, ob die Direktinvestitionen der Scientology geeignet sind, die öffentliche Ordnung Frankreichs zu gefährden. Der EuGH sieht durchaus den Grund, die Investition der Scientology – aus Gründen

der öffentlichen Sicherheit und Ordnung Frankreichs – mit einem Genehmigungs-
vorbehalt zu versehen und sie ggf. zu untersagen. Der EuGH verneint die Verhältnismäßigkeit der Genehmigungspflicht allein aus dem Grund, dass das französische Genehmigungserfordernis für den Bürger zu unbestimmt sei. Nach dem
französischen Recht muss eine Genehmigung dann vorliegen, wenn die ausländische Direktinvestition „geeignet ist, die öffentliche Ordnung Frankreichs zu
gefährden". Investoren erhalten mit dieser stark auslegungsbedürftigen Formulierung keine klaren Anhaltspunkte, wann eine Genehmigung aus französischer
Sicht erforderlich wird. Diese Formulierung verschleiert vielmehr für den Einzelnen
aus der Kapital- und Zahlungsverkehrsfreiheit herzuleitende Rechte und Pflichten.
Sie verstößt daher gegen den Grundsatz der Rechtssicherheit (Rn. 21 f.) und ist
europarechtswidrig.

Obschon der EuGH die Möglichkeit einer Rechtfertigung und Verhältnismäßigkeit der nationalen Maßnahme sieht, lässt er deren
Zulässigkeit an dem Erfordernis der Unbestimmtheit der nationalen
Maßnahme scheitern. Damit führt der EuGH erstmals das Erfordernis
nis der Rechtssicherheit der nationalen Maßnahme zum Schutz des
europäischen Bürgers in die Prüfung deren Rechtmäßigkeit nach
europäischem Recht der Grundfreiheiten ein.

8. Die Dienstleistungsfreiheit

Die Dienstleistungsfreiheit unterstützt die Warenverkehrs-, die
Niederlassungs-, die Kapital- und die Zahlungsverkehrsfreiheit und
die Arbeitnehmerfreizügigkeit und komplettiert diese zu einem
Europäischen Binnenmarkt. Sie gilt für die selbstständigen Gewer-
betreibenden und bietet diesen die Möglichkeit, überall auf dem
Europäischen Binnenmark ihre Dienste anzubieten.

Die Dienstleistungsfreiheit wirkt als „Joker" des Europarechts. Sie
greift immer dann ein, wenn kein Tatbestand anderer Grundfreiheiten vorliegt. Den Charakter eines Auffangtatbestandes gibt Art. 50
EGV wieder: „Dienstleistung im Sinne dieses Vertrages sind Leistungen, die in der Regel gegen Entgelt erbracht werden, soweit sie
nicht den Vorschriften über den freien Waren- und Kapitalverkehr
und über die Freiheit der Person unterliegen." Dies bedeutet andererseits, dass der Rückriff auf sie verwehrt bleibt, falls die nationale
Maßnahme andere Grundfreiheiten anspricht.

> ■ *ACHTUNG!*
> *Eine genaue Abgrenzung der Dienstleistungsfreiheit von den anderen*
> *Grundfreiheiten ist daher zwingend erforderlich. Die erste Frage bei der*
> *Prüfung eines Falles mit einem Bezug zur Dienstleistungsfreiheit muss*
> *daher immer sein, ob nicht andere Grundfreiheiten, sprich die Waren-*
> *verkehrsfreiheit, die Niederlassungsfreiheit, die Arbeitnehmerfreizügig-*
> *keit oder sogar die Kapital- und Zahlungsverkehrsfreiheit eingreift.* ■

Von der Arbeitnehmerfreizügigkeit unterscheidet sich die Dienstleistungsfreiheit, da erstere nur die Tätigkeiten europäischer Arbeitnehmer – also der abhängig Beschäftigten – erfasst. Der wesentliche
Unterschied zur Niederlassungsfreiheit besteht darin, dass sich bei
der Dienstleistungsfreiheit der Dienstleistende nicht dauerhaft in
einem anderen europäischen Mitgliedstaat aufhalten muss. Problematisch erscheint gelegentlich die Abgrenzung der Dienstleistungsfreiheit von der Kapital- und Zahlungsverkehrsfreiheit. Steht die
Übertragung von Kapital im Vordergrund der Betrachtung, ist dies
ausschließlich ein Fall der Kapital- und Zahlungsverkehrsfreiheit.
Geht es demgegenüber um die (bank-/kreditwirtschaftliche) Leis-
tung des Transfers dieses Kapitals (z.B. Telebanking, den Transfer
vorbereitende Beratung) kommt zur rechtlichen Überprüfung die
Dienstleistungsfreiheit in Betracht.

**Übersicht 28: Abgrenzung der Dienstleistungsfreiheit gegenüber
den anderen Grundfreiheiten**

Dienstleistungsfreiheit	andere Grundfreiheiten
Grenzübertritt der Dienstleistung bzw. des Dienstleistenden oder des Dienstleistungsempfängers	**Warenverkehrsfreiheit** Grenzüberschreitender Warenverkehr
Tätigkeit eines Selbstständi-gen(z.B. Freiberufler, Unterneh-mer, insbes.: Handwerker, Archi-tekten, Ärzte, Privatlehrer, He-bammen, Fremdenführer, Musiker, Rechtsanwälte)	**Arbeitnehmerfreizügigkeit** Arbeitserbringung durch abhängig Be-schäftigte in einem anderen Mitgliedstaat
Grenzübertritt einer (vorüberge-henden) Tätigkeit	**Niederlassungsfreiheit** Auf Dauer angelegte Ansiedlung in einem anderen europäischen Mitgliedstaat
Transfer von Diensten	**Kapital- und Zahlungsverkehrsfreiheit** Transfer von Kapital

Insbesondere bei Sachverhalten der verbotenen Werbung. Bei Werbemaßnahmen tauchen Schwierigkeiten auf, denn Werbung selbst ist grundsätzlich eine Dienstleistung. Da der EuGH eine Werbung für Produkte bereits als Vorstufe dessen Absatzes sieht (siehe oben), ordnet der EuGH die Produktwerbung der Warenverkehrsfreiheit aus Art. 28 ff. EGV zu. Eine gesonderte Prüfung der Dienstleistung Werbung nach der Dienstleistungsfreiheit gemäß Art. EGV ist daher nicht mehr zulässig. Anderes gilt für diesen Fall, wenn für eine Dienstleistung selbst geworben wird.

Beispiele: Studenten betreiben europaweite Werbung für die Dienstleistung des Schwangerschaftsabbruchs (siehe unten Fall „Unborn Children").
Eine Agentur betreibt Werbung für die Teilnahme an (der Dienstleistung) der Durchführung eines Glücksspiels (siehe Fall 1 mit Musterlösung auf der CD).

Hier unterliegt die rechtliche Einschränkung der Werbung etwa durch nationale Behörden der Dienstleistungsfreiheit. Die Werbemaßnahme teilt daher das rechtliche Schicksal des Gegenstandes, den sie bewirbt. Zu dieser Problematik im Einzelnen (siehe unten).

Der Begriff der Dienstleistung

Zwar nennt Art. 50 EGV einige Beispielfälle der Dienstleistung. Diese Aufzählung ist jedoch nicht vollständig. Dies zeigt Art. 50 EGV durch das Wort „insbesondere" an. Aus diesem Grund ist nach einer allgemein gültigen Definition der Dienstleistung zu suchen.

Die Dienstleistungsfreiheit aus Art. 49 EGV definiert sich in zwei Schritten:

1 **negativ**: fällt die Aktivität nicht in den Bereich der Warenverkehrsfreiheit, Niederlassungsfreiheit, Arbeitnehmerfreizügigkeit (sog. negative Dienstleistungsfreiheit). In diesem Fall gehen die letztgenannten Grundfreiheiten der Dienstleistungsfreiheit vor (Art. 50 EGV).

2 **positiv**: Zu der Dienstleistungsfreiheit fallen alle zeitlich begrenzten, i.d.R. aber nicht notwendigerweise entgeltlich erbrachten Leistungen unkörperlicher Natur, die ein grenzüberschreitendes Element enthalten.

Für Verkehrsdienstleistungen sowie Bank- bzw. Versicherungsdienstleistungen existieren Spezialvorschriften. Art. 51 EGV nimmt diese speziellen Dienstleistungen ausdrücklich aus dem Recht der Dienstleistungsfreiheit aus.

Übersicht 29: Sonderfälle von Dienstleistungen und ihre rechtliche Qualifikation

Dienstleistung	Norm des EG-Vertrages
Verkehrsdienstleistungen	Art. 70 - 80
Bank-, Versicherungsdienstleistungen	Art. 56 - 60

Der grenzüberschreitende Bezug der Dienstleistung

Den grenzüberschreitenden Bezug einer Dienstleistung bejaht der EuGH großzügig. Er liegt in folgenden Alternativen vor:

Übersicht 30: Möglichkeiten der grenzüberschreitenden Dienstleistung

1 Leistungserbringer überschreitet die Grenze.
  Beispiel: Ein Franzose erstellt in Belgien ein Fachgutachten

2 Leistungsempfänger überschreitet die Grenze.
  Beispiel: Ein Deutscher geht zum Zahnarzt nach Frankreich (siehe Raymond Kohll gegen Union des caisses de maladie; EuGH v. 28.4.1998 (Rs. C-158/96), Slg. I 1998, S. 1931) ✎ 70

3 Die Dienstleistung selbst überschreitet die Grenze.
  Beispiel: Fernsehprogramm, Rundfunkprogramm, Internet-Dienste

4 Der Angehörige eines europäischen Mitgliedstaats erbringt die Dienstleistung in einem anderen Mitgliedsland.
  Beispiel: Ein Deutscher, Luxemburger, Österreicher betreut eine deutsche Reisegruppe in Spanien

Ein Fall, in dem der EuGH ausnahmsweise einen „grenzüberschreitenden Bezug" der Dienstleistung verneint hat, war folgender:

Unborn Children; EuGH v. 4. 10. 1991 (Rs. C-159/90) Society for Protection of Unborn Children Ireland Ltd. gegen Stephan Grogan u.a.; Slg I 1991, S. 4685 ✎ 71

In Irland ist die Schwangerschaftsunterbrechung aus sozialen Gründen verboten. Nach Auslegung der irischen Gerichte verbietet die irische Rechtslage ebenfalls das Aufzeigen von illegalen Abbruchsmöglichkeiten im Ausland. Eine irische Studentengruppe weist – auf eigene Initiative – irische Studenten auf Krankenhäuser im europäischen Ausland hin, welche eine solche ethisch sehr umstrittene Form der Abtreibung nach den für diese Krankenhäuser geltenden Gesetzen durchführen. Irland untersagt den Studenten eine solche Werbung.

Der EuGH geht zunächst davon aus, dass der Schwangerschaftsabbruch – unabhängig der Frage wie ethisch verwerflich er ist – eine Dienstleistung ist. Er verneint aber dann die Anwendung der Dienstleistungsfreiheit für die studentische Informationserteilung: Die Studenten stehen in keinerlei wirtschaftlicher Beziehung zu den ausländischen Krankenhäusern, für die sie werben. Der Informationsweitergabe an irische Mitstudenten fehlt daher der erforderliche grenzüberschreitende Bezug. Da für die Studenten somit nicht die Dienstleistungsfreiheit eingreift, steht der Untersagung der Informationsweitergabe durch irische Behörden europarechtlich nichts entgegen.

Unglücklich in der Argumentation des EuGH ist das Changieren zwischen der Dienstleistung Abtreibung einerseits und der Informationserteilung hierüber andererseits.

Die gerechtfertigte Eingrenzung der Dienstleistungsfreiheit

Wie bei allen Grundfreiheiten – insbesondere bei der Niederlassungsfreiheit – können auch nationale Eingriffe in die Dienstleistungsfreiheit im Einzelfall nach dem europäischen Recht gerechtfertigt und damit zulässig sein. Art. 55 EGV verweist hier auf die Möglichkeiten der (nationalen) Einschränkung der Dienstleistungsfreiheit (durch nationale Vorschriften) nach den Vorschriften der Niederlassungsfreiheit gemäß Art. 45 bis 48 EGV.

Die Dienstleistungsfreiheit kann daher eingeschränkt werden, bei

Übersicht 31: Einschränkung der Dienstleistungsfreiheit nach Art. 45, 46 i.V.m. Art. 55 EGV

1 Tätigkeiten der öffentlichen Gewalt (Art. 45 Abs. 1 i.V.m. Art. 55 EGV)

2 aus Gründen der öffentlichen Ordnung, Sicherheit oder Gesundheit (Art. 46 EGV i.V.m. Art. 55 EGV)

Den Begriff der „öffentlichen Gewalt" in Art. 45 EG-V legt der EuGH wie auch bei der Warenverkehrsfreiheit, der Niederlassungsfreiheit, der Kapital- und Zahlungsverkehrsfreiheit zur Gewährleistung der Dienstleistungsfreiheit eng aus: Die öffentliche Gewalt ist auch hier nur betroffen, wenn besondere staatstragende Interessen verfolgt und hoheitlich, also mit der Möglichkeit zu staatlichen Ordnungs- und Zwangsmitteln, auszuführen sind (siehe oben).

Selbst wenn ein derartiger Rechtfertigungsgrund für den Ausschluss bestimmter Dienstleister gegeben sein sollte, ist dieser auch hier an den Grundsätzen der **Verhältnismäßigkeit** zu messen. D.h. es ist insbes. festzustellen, ob nicht doch mildere Mittel zu demselben Ziel gelangen als der grundsätzliche Ausschluss anderer Dienstleister und damit der generelle Ausschluss der Dienstleistungsfreiheit:

Datenverarbeitung; EuGH v. 5. 12. 1989 (Rs. 3/88) Kommission der Europäischen Gemeinschaften gegen Italien; Slg. 1989, S. 4035 ✒ 72
Italien vergibt öffentliche Aufträge im Bereich der Datenverarbeitung nur an staatliche Unternehmen. Solche Unternehmen existieren nur in Italien. Ein Anbieter von EDV-Dienstleistungen aus einem anderen europäischen Mitgliedsland klagt gegen diese „einseitige" Aufgabenverteilungspraxis.
Diese Maßnahme beeinträchtigt nach Ansicht des EuGH die Dienstleistungsfreiheit. Der nationale Eingriff lässt sich auch nicht mit dem Argument rechtfertigen, die Entwicklung von Datensystemen für die Verwaltung sei eine Aufgabe der öffentlichen Gewalt i.S.d. Art. 46 EGV i.V.m. Art. 55 EGV. Denn die Entwicklung und der Betrieb von Informationssystemen ist – nach Ansicht des EuGH – rein technischer Natur. Diese Tätigkeiten haben zu der Ausübung eigentlicher „hoheitlicher Gewalt" daher keinen Bezug. Selbst wenn die Einrichtung der Informationssysteme geheimhaltungspflichtige Daten etwa der Polizei oder des Militärs betrifft, rechtfertigt dies nicht die Reduktion der Anbieter auf italienische Unternehmen. Die notwendige Geheimhaltung kann nämlich durch weniger einschneidende Mittel gewährleistet werden.
Siehe auch EuGH v. 13. 7. 1993 (Rs. C-42/92) Adrianus Thijssen gegen Controledienst Voor de Verzekeringen Slg. I 1993, S. 4047 ✒ 73

Neben den oben angegebenen Rechtfertigungsgründen zu Einschränkung der Dienstleistungsfreiheit hat der EuGH in seinen Entscheidungen Wasemael und Webb (hierüber hinausgehende) Möglichkeiten geschaffen, die nationale Eingriffe in die Dienstleistungsfreiheit rechtfertigen können.

Einschränkungen der Dienstleistungsfreiheit („Wesemael-Webb-Doktrin") sind nur dann möglich, wenn Einschränkungen

1   in gleicher Weise für inländische und ausländische Dienstleistungserbringer gelten (Diskriminierungsverbot),

2   zum Schutz zwingender Erfordernisse des Allgemeininteresses erforderlich und verhältnismäßig sind und wenn

3   die zu schützenden Interessen nicht schon durch Schutzvorschriften des Heimatstaats des Leistungserbringers gewahrt werden.

Den Rechtfertigungsgrund des „zwingenden Allgemeininteresses" ordnet der EuGH im Recht der Dienstleistungsfreiheit auch unter den Begriff der öffentlichen Ordnung i.S.d. Art. 46 EGV i.V.m. Art. 55 EGV ein. Damit bleibt der Begriff jedoch denkbar unbestimmt. Derzeit hat der EuGH n einer Vielzahl von Rechtsprechungsfällen folgende Gründe als „zwingendes Allgemeininteresse" anerkannt.

Übersicht 32: Einschränkung der Dienstleistungsfreiheit durch „zwingendes Allgemeininteresse"

- Verbraucherschutz
- Lauterkeit des Handelsverkehrs
- Umweltschutz
- Schutz des geistigen Eigentums
- Respektierung (standesrechtlicher) Berufsregeln
- Gewährleistung einer wirksamen steuerlichen Kontrolle
- Steuergerechtigkeit
- Arbeitnehmerschutz
- Schutz des nationalen, kulturellen und historischen Erbes (Verbreitung von Kenntnissen hierüber)
- Schutz der gesellschaftlichen Ordnung (insbesondere)
- Schutz vor der Begehung von Straftaten
- Schutz des Gerichtswesens
- Wahrung und Aufrechterhaltung des guten Rufes des Finanzsektors
- Straßenverkehrssicherheit
- Sicherung der Meinungsvielfalt insbesondere durch Aufrechterhaltung der Medienvielfalt etc.

cold calling: EuGH vom 10. 5.1995 (Rs. C-384/93) Alpine Investments BV gegen Minister van Financiën; Slg. I 1995, S. 1141 ◇ 74

Die niederländische Gesellschaft, Wall Street Unlimited, bewirbt Terminanlagegeschäfte in der Weise, dass sie – ohne vorherige Ankündigung – bei potenziellen Kunden anruft, um diese von den Vorteilen eines Termingeschäfts telefonisch zu überzeugen. Der niederländische Gesetzgeber verbietet solche Werbemethoden, sowohl aus Sorge um den guten Ruf des niederländischen Kapitalmarkts als auch zu dem Zweck, unerfahrene Kunden zu schützen. Die Wall Street Unlimited wehrt sich gegen dieses Werbeverbot mit dem Argument, dass ein solches Verbot, insbesondere wenn sie mit Kunden aus anderen EG-Mitgliedstaaten Kontakt aufnimmt, gegen ihre Dienstleistungsfreiheit (Art. 49 EGV) verstoße.

Wie schon im Rechtsstreit „INNO" erachtet der EuGH nicht die Werbung selbst als die isoliert zu untersuchende Dienstleistung. Das Europäische Gericht sieht die Werbung vielmehr in Zusammenhang mit der Dienstleistung der Ausführung der Termingeschäfte durch die Wall Street Unlimited. Die Werbung für diese Dienstleistung ist ihr unmittelbar vorgelagert und zugeordnet. Aus diesem Grunde teilt sie das rechtliche Schicksal der Dienstleistung und unterliegt mit ihr der Beurteilung nach der Dienstleistungsfreiheit des Art. 49 ff. EGV.

Der EuGH geht ferner von der „grenzüberschreitenden" Qualität des Sachverhalts aus: Zwar untersagen niederländische Behörden einem niederländischen Unternehmen die Werbemaßnahme des „cold calling", so dass auf den ersten Blick lediglich ein innerstaatlicher Vorgang gegeben scheint. Der EuGH fasst aber den Tatbestand der „Begrenzung der Dienstleistungsfreiheit" umfassender. Der Schutz der Dienstleistungsfreiheit kommt jedem einzelnen Dienstleistungsanbieter zu, unabhängig von der Frage von welcher nationalen Stelle ihm Restriktionen drohen.

Der nationale Eingriff in die Dienstleistungsfreiheit sieht der EuGH allerdings durch zwingende Erfordernisse des Allgemeininteresses (hier durch die Aufrechterhaltung eines wirksamen Verbraucherschutzes und des Aufrechterhaltens des Vertrauens in den Kapitalanlagemarkt) gerechtfertigt. Dabei beurteilt das Gericht das nationale Werbeverbot auch als verhältnismäßig. Denn nur das generelle Verbot des „cold calling" räumt dem Anlagekunden einen effektiven Schutz vor übereilten, unreflektierten Erwerbsgeschäften auf dem Kapitalanlagemarkt ein und schützt so das Vertrauen – auch anderer Anleger – in die Seriosität dieses Marktes. Folglich ist das niederländische Verbot zu Recht erfolgt.

Erstaunlich weit ist die (großzügige) Behandlung des Erfordernisses der Grenzüberschreitung. Sie führt in diesem Fall zu einem Verzicht auf die Notwendigkeit der Grenzüberschreitung.

Die Grundsätze der Entscheidung „Keck" wendet der EuGH auf diesen Fall bewusst nicht an: Für die Warenverkehrsfreiheit hatte der EuGH – seit seiner Entscheidung im Fall „Keck" – den Rückgriff auf die vertragliche Grundfreiheit der Warenverkehrsfreiheit (Art. 28 EGV) für „vertriebsbezogene" Maßnahmen grundsätzlich ausgeschlossen. Auch im Fall „cold calling" handelt es sich bei dem nationalen Verbot, Kunden zum Erwerb von Kapitalanlagen durch unaufgefordertes Ansprechen zu werben, um eine reine vermarktungs- und „vertriebsbezogene" Maßnahme im Sinne der „Keck-Doktrin": Den Rechtsstreit „Keck" kennzeichnete nämlich die Frage, ob eine – für den eigenen Markt – bestehende vertriebsbezogene national-gesetzliche Maßnahme (hier: das französische Dumping-Preis-Verbot) europarechtskonform sein kann, wenn es den Vertrieb von Erzeugnissen **aus dem europäischen Ausland** auf dem „Einfuhr-Markt" diskriminierend beeinträchtigt. Das Werbeverbot des praktizierten „cold calling" richtet sich demgegenüber gegen eine niederländische Tätigkeit, die grenzüberschreitend auf andere, nämlich ausländische Märkte, gerichtet ist, und die den Absatz niederländischer Produkte auf diesen Märkten mit ihren Mitteln erreichen will.

Ob die Entscheidung Auswirkungen auf die zukünftigen Entscheidungen des EuGH zu anderen Grundfreiheiten haben wird, bleibt derzeit abzuwarten.

Die weitreichenden Folgen der Dienstleistungsfreiheit

Dass die Gewährleistung der Dienstleistungsfreiheit auch Auswirkungen auf andere Grundfreiheiten haben kann, verdeutlicht der Fall

Vander Elst; EuGH v. 9. 8. 1994 (Rs. C-43/93) Raymond Vander Elst gegen Office des Migrations Internationales (OMI), Slg. I 1994, S. 3803 ◈ 75
Ein belgischer Unternehmer beschäftigt – mit einer belgischen Arbeitserlaubnis – in seinem Abbruchunternehmen mehrere Arbeitnehmer marokkanischer Staatsangehörigkeit. Er setzte die marokkanische Arbeitnehmer auch für Abbrucharbei-

ten in Frankreich ein. Die französische Behörde verhängte ein Bußgeld gegen den belgischen Unternehmer, weil die in Frankreich eingesetzten marokkanischen Arbeitnehmer nicht die – für Ausländer erforderliche – französische Arbeitserlaubnis besaßen.

Der EuGH stellte fest, dass das französische Verlangen einer Arbeitserlaubnis für ausländische Arbeitnehmer, welche ein Unternehmer mit Sitz in einem anderen europäischen Mitgliedsland beschäftigt und in einem anderen Mitgliedsland einsetzt, gegen den Grundsatz der Dienstleistungsfreiheit (Art. 49 und 50 EGV) verstößt.

Vergl. auch: EuGH v. 27. 3. 1990 (Rs. 113/89) Société Rush Portugesa Lada gegen Office National d'Immigration (ONI), Slg. I 1990, S. 1417 ✐ 76

Somit konnten – über das Recht der Dienstleistungsfreiheit ihres belgischen Arbeitgebers – die nicht-europäischen Arbeitnehmer in Frankreich, wie europäische Arbeitnehmer eingesetzt werden. Der Effekt der Dienstleistungsfreiheit ist, dass auch die gerade nicht nach dem europäischen Recht Berechtigten mittelbar von der Dienstleistungsfreiheit eines europäischen Bürgers partizipieren. Der einzige Unterschied zu den europäischen Arbeitnehmern besteht darin, dass die marokkanischen Arbeitskräfte kein eigenes Recht auf Arbeitnehmerfreizügigkeit haben, sondern ihre Position nur der Dienstleistungsfreiheit ihres Arbeitgebers verdanken.

9. Europäische Politiken

Zur Harmonisierung der Wirtschafts-, Arbeitsverhältnisse und Lebensverhältnisse im Europäischen Binnenmarkt betreiben die Europäischen Gemeinschaften verschiedene Politiken:

Übersicht 33: Die Politiken der Europäischen Gemeinschaften

- Forschungs- und Technologiepolitik
- gemeinsame Handels- und Energiepolitik
- Industriepolitik
- Kulturpolitik
- Landwirtschafts- und Fischereipolitik
- Politik transeuropäischer Netze
- Regionalpolitik

- Sozialpolitik
- Umweltpolitik
- Verbraucherschutzpolitik
- Verkehrspolitik
- Wettbewerbspolitik
- Wirtschafts- und Währungspolitik

Von den hier aufgeführten Europäischen Politiken werden an dieser Stelle die beiden Politiken des Verbraucherschutzes und des Wettbewerbs exemplarisch dargestellt.

Insbesondere diese besitzen einen übergeordneten Einfluss auf das Wirtschaftsleben und den Wettbewerb in den Europäischen Gemeinschaften. Beide Bereiche beinhalten Bezüge zu den Inhalten Grundfreiheiten und sind ohne diese nicht vorstellbar.

10. Der Verbraucherschutz

Mit zunehmender Intensität der wirtschaftlichen Beziehungen auf dem Europäischen Binnenmarkt stieg das Bewusstsein der Notwendigkeit der Vereinheitlichung nationaler Regelungen, speziell um dem europäischen Verbraucher einen zweifelsfrei leicht zu durchschauenden und vor allem einheitlichen europäischen Standard an Verbraucherschutz in allen europäischen Mitgliedstaaten zu gewähren. Den Verbraucherschutz erwähnen Art. 3 Abs. 1 t EGV und Art. 153 EGV. Der europäische Gesetzgeber begnügt sich bei der Gewährleistung eines europäischen Verbraucherschutzes nicht mit dem „Kleinsten gemeinsamen Vielfachen". Vielmehr bemüht er sich – spätestens seit der Einführung des Art. 153 EGV in den EG-Vertrag Amsterdamer-Fassung – um einen eigenständigen Verbraucherschutz auf einem hohen europäischen Niveau.

Interessenkonflikt dieses Verbraucherschutzes bildet die europäische Industriepolitik, aber auch die Gewährleistung eines ungehinderten grenzüberschreitenden Waren-, Produkt- und Dienstleistungsverkehrs. Speziell hier geht es um die Problematik der Einführung von Waren oder Dienstleistung, die den Standards ihres Herkunftslandes, nicht aber denen des Verbraucherlandes voll genügen. Hier hat der europäische Verbraucherschutz eigene Wege zu gehen.

Der europäische Verbraucherschutz gliedert sich in den „technischen" und den „rechtsgeschäftlichen" Verbraucherschutz.

Der technische Verbraucherschutz

Der europäische „technische Verbraucherschutz" behandelt folgende Gebiete:

Übersicht 34: Der technische Verbraucherschutz

1 Gewährleistung der Gesundheit der Endverbraucher und Zwischenhändler im Umgang mit dem Produkt bzw. der Dienstleistung
2 Technische Normen über die Zusammensetzung von Produkten
3 Die ausreichende und gleichzeitig verständliche Kennzeichnung von Gefahren
4 Die Etikettierung von Produkten
5 Informationen hinsichtlich der Verwendung von Produkten und Anwendung von Dienstleistung

Die entsprechenden Schutzvorschriften beziehen sich hauptsächlich auf Produkte wie Lebensmittel, speziell Babynahrung, Spielzeug, Medikamente, Kosmetika.

- Eine bedeutende Regelung auf dem Gebiet des technischen Verbraucherschutzes ist die sog. Produkthaftungs-Richtlinie, Richtlinie 85/374 des Rates vom 25. 7. 1985 zur Angleichung der Rechts- und Verwaltungsvorschriften der Mitgliedstaaten über die Haftung für fehlerhafte Produkte (ABl. L 210, S. 29) in der durch die Richtlinie 1999/34/EG des Europäischen Parlamentes und des Rates v. 10. 5. 1999 geänderten Fassung (ABl. L 141, S. 20). Sie stellt sicher, dass der Verbraucher einen Schadenersatzanspruch gegen den Hersteller eines fehlerhaften Produkts hat. Unter einem Fehler versteht die Produkthaftungs-Richtlinie nicht nur Produktions- und Fabrikationsfehler. Sie erfasst auch fehlende und unzureichende Information wie im Fall unvollständiger bzw. unverständlicher Gebrauchsanweisungen.

Beachtlich an der Produkthaftungs-Richtlinie ist, dass sie eine Umkehr der Beweislast zu Gunsten des Kunden vorschreibt. Nicht mehr der Verbraucher braucht den ihm ohnehin mangels technischer Ausrüstung kaum möglichen Beweis der Ursächlichkeit zwischen dem Produkt-Fehler und dem eingetretenen Schaden zu belegen. Die Darlegung und der Beweis dieser Ursächlichkeit obliegt nun dem Hersteller. Eine Ausweitung des Inhaltsder Produkthaftungs-Richtlinie auf Dienstleistung war zwar im Gespräch. Die Konsequenzen einer solchen Erweiterung erscheinen aber den Mitgliedstaaten zu weitgehend. Eine europaeinheitliche Normierung der Haftung für Dienstleistung steht daher noch aus.

- Zum „technischen Verbraucherschutz" zählt auch die Richtlinie 1999/44/EG des Europäischen Parlamentes und des Rates v. 25. 5. 1999 zu bestimmten Aspekten des Verbrauchsgüterkaufs und der Garantien für Verbrauchsgüter (ABl. L 171, S. 12) (Verbrauchsgüter-Richtlinie). Die Verbrauchsgüter-Richtlinie gleicht die zum Teil sehr unterschiedlichen nationalen Gewährleistungsrechte europaweit an, so dass ein europäischer Verbraucher in allen Mitgliedstaaten grundsätzlich die gleichen Rechte geltend machen kann, wenn er im Europäischen Binnenmarkt eine mangelhafte Sache gekauft hat.

- In den Bereich des technischen angebotsbezogenen Verbraucherschutzes bezüglich einer Dienstleistung fällt die Richtlinie 90/314/EWG des Rates v. 13. 6. 1990 über Pauschalreisen (ABl. L 158, S. 59) Pauschalreise-Richtlinie. Hauptzweck der Pauschalreise-Richtlinie ist der Schutz des Verbrauchers vor unrichtigen Werbeangaben des Reiseveranstalters und die Absicherung des Reisenden vor der Zahlungsunfähigkeit des Reiseveranstalters. Hierzu sind von allen europäischen Reiseveranstaltern Fonds zu bilden und finanziell zu unterhalten.

✎ Zur Problematik der pflichtwidrigen Nicht-Umsetzung der Richtlinie 90/314/EWG durch den deutschen Gesetzgeber (siehe oben) und die interaktive Lösung des Falles Dillenkofer auf der CD.

Der „rechtsgeschäftliche" europäische Verbraucherschutz

Neben dem „technischen Verbraucherschutz" existiert der Schutz des Konsumenten namentlich

- vor unüberlegten Geschäftsabschlüssen,
- vor dem Eingehen von riskanten Geschäften oder
- vor dem Abschluss von Geschäften auf Grund irriger Annahmen

(sog. rechtsgeschäftlicher Verbraucherschutz).

Übersicht 35: Der rechtsgeschäftliche Verbraucherschutz

1 Hierunter fällt der Schutz des Verbrauchers vor übereilten Geschäften
    – außerhalb der üblichen Geschäftsräume (Haustürgeschäfte),
    – bei Bestellungen (Fernabsatzgeschäfte) und vor
    – den Gefahren eines Geschäftsabschlusses im Internet.
2 Ferner realisieren die Europäischen Gemeinschaften den Schutz vor Geschäftsabschlüssen durch
    – den Schutz vor der Verwendung missbräuchlicher Klauseln in Verbraucherverträgen oder
    – durch das europaweite Verbot insbesondere der irreführender Werbung.

- Zum Schutz der Verbraucher vor übereilten Geschäftsabschlüssen hat der europäische Gesetzgeber eigens die Richtlinie 85/577/EWG des Rates vom 20. 12. 1985 betreffend den Verbraucherschutz im Falle von außerhalb von Geschäftsräumen geschlossenen Verträgen (ABl. L 1985, Nr. 372, S. 31 ff.) (**Haustürgeschäftswiderruf-Richtlinie**): Art. 5 der Richtlinie 85/577/EWG behält dem Erwerber das Recht vor, innerhalb von mindestens 7 Tagen den Vertragsschluss zu widerrufen. Über dieses Widerrufsrecht muss der Veräußerer den Verbraucher angemessen informieren (Art. 4 Richtlinie 85/577/EWG). Die Richtlinie 85/577/EWG erfasst grundsätzlich alle Verträge, die ein Veräußerer mit einem Verbraucher außerhalb seiner Geschäftsräume schließt (Art. 1 Richtlinie 85/577/EWG). Insbesondere kommen all jene Geschäftsabschlüsse in Betracht, die der Verbraucher etwa in seiner eigenen oder einer fremden

Wohnung, an seinem **Arbeitsplatz**, auf einem **Ausflug** bzw. einer „**Kaffee-Fahrt**" oder auf **öffentlichen Straßen und Plätzen** schließt.

- Die Richtlinie 93/13/EWG des Rates v. 5. 4. 1993 über missbräuchliche Klauseln in Verbraucherverträgen (ABl. L 95, S. 29) (**Missbrauchsklausel-Richtlinie**) untersagt – zum Schutze des Verbrauchers – die Verwendung von vorformulierten Vertragsklauseln in Verträgen mit einem Gewerbetreibenden, sofern diese Klauseln gegen Treu und Glauben verstoßen.

- Einen eingehenden Schutz des Verbrauchers in Zusammenhang mit dem Abschluss von Kreditverträgen und Finanzierungsgeschäften enthält die Richtlinie 87/102/EWG des Rates v. 22. 12. 1986 zur Angleichung der Rechts- und Verwaltungsvorschriften der Mitgliedstaaten über den Verbraucherkredit (**Verbraucherkredit-Richtlinie**). Die Verbraucherkredit-Richtlinie realisiert ihren Schutz namentlich durch die besondere Aufklärung des Verbrauchers hinsichtlich der Risiken und Folgen aller Aspekte eines Finanzierungsgeschäftes.

- Die **Fernabsatz-Richtlinie** Richtlinie 97/7/EG des Europäischen Parlaments und des Rates vom 20. 5. 1997 über den Verbraucherschutz bei Vertragsabschlüssen im Fernabsatz (Fernabsatz-Richtlinie) (ABl. L 1997, Nr. 144, S. 19 ff.) enthält als wesentliche Regelungen ein streng formalisiertes Verfahren zum Abschluss eines Vertrages. So muss bei nicht gleichzeitiger Anwesenheit der Vertragsparteien (Fernabsatz) der Anbieter den Kunden – vor Abschluss eines Vertrages – auf dessen Mindestrechte hinzuweisen. Insbesondere hat der Verbraucher das Recht, den Vertragsabschluss binnen einer Frist von 7 Werktagen zu widerrufen (Art. 6 Richtlinie 97/7/EG). Ferner schützt die Richtlinie 97/7/EG vor dem unaufgeforderten Zusenden unbestellter Ware (Art. 9 Richtlinie 97/7/EG).

- Die Richtlinie 2000/31/EG des Europäischen Parlaments und des Rates vom 8. 6. 2000 über bestimmte rechtliche Aspekte der Dienste der Informationsgesellschaft, insbesondere des elektronischen Geschäftsverkehrs im Binnenmarkt (sog. E-Commerce-Richtlinie) (ABl. L 2000, Nr. 178, S. 1 ff.) änderte nur geringfügig die europäische Fernabsatz-Richtlinie. Die **E-Commerce-Richtlinie** stellt sicher, dass der Waren- und Dienstleistungsanbieter im Internet (Internet-Anbieter) den Verbraucher über alle Gefahren informiert, die den Vertragabschluss im Internet so risikoreich machen. Der Internet-Anbieter muss vor allem dem Verbraucher den Betreiber des elektronischen Dienstsund die Art der Kommunikation bekannt machen (Art. 5 – 10 Richtlinie 2000/31/EG). Aufdringliche Werbung ist verboten. Werbung mit Preisnachlässen, Zugaben und Geschenken müssen als solche klar ausgewiesen sein und jedem Verbraucher den Zugang zu ihren Vergünstigungen gewähren (Art. 7 und 6 c Richtlinie 2000/31/EG).

- Um den Internethandel erst zu ermöglichen, musste der europäische Gesetzgeber Normen schaffen, die die Authentizität der Willenserklärung der Parteien insbesondere deren „Unterschrift" im elektronischen Rechtsverkehr garantieren. Dies hat der Gesetzgeber im Jahr 2000 mit der Richtlinie 1999/93/EG des Europäischen Parlamentes und Rates vom 13.12.1999 L 013 v. 18.01.2000, 12-20 für elektronische Signaturen (**E-Signaturen-Richtlinie**) getan. Der Unterzeichner erhält einen geheimen Code, den der Empfänger mit einem ebenfalls geheimen Code als dessen persönliche zurechenbare Unterschrift lesen kann. Die Zuordnung der Codes – die sog. Zertifizierung – bestätigt eine Zertifizierungsstelle.

- Einen weiteren Schritt zur Förderung des Handels in elektronischen Medien stellt die Richtlinie 2000/31/EG des Europäischen Parlaments und des Rates vom 8. Juni 2000 über bestimmte rechtliche Aspekte der Dienste der Informationsgesellschaft, insbesondere des elektronischen Geschäftsverkehrs, im Binnenmarkt ABl. (**Richtlinie für den elektronischen Geschäftsverkehr**), die bis zum 17.01.2002 in nationales Recht umgesetzt werden musste, dar. Die Richtlinie 2000/31/EG erklärt grundsätzlich jene nationalen Regelungen des Mitgliedstaatsauf den Geschäftsverkehr für anwendbar, in dem der Dienstanbieter seinen Sitz hat. Sie verpflichtet die Mitgliedstaaten, nationale Regelungen zu erlassen, die dem Geschäftsabschluss in elektronischen Medien und Netzen nicht entgegenstehen.

- Mit der Möglichkeit, Waren und Dienstleistungen im Internet zu bestellen, steigt die Notwendigkeit – neben dem bereits bestehenden möglichen elektronischen Kreditkartenverkehr, den elektronischen Überweisungen und Abbuchungen – auch mit sog. „elektronischem Geld" vereinfacht zahlen zu können. Der europäische Gesetzgeber überlässt die Gewährleistung der Sicherheit des Zahlungsverkehrs mit „E-Geld" den Mitgliedstaaten. Mit der Richtlinie 2000/46/EG des Europäischen Parlaments und des Rates vom 18. September 2000 über die Aufnahme, Ausübung und Beaufsichtigung der Tätigkeit von E-Geld-Instituten (**E-Geld-Richtlinie**) beugt der europäische Gesetzgeber den Risiken der Geldwertstabilität und des Vertrauensverlustsin das Finanz- und Zahlungswesen vor.

Das europäische Werberecht

Besonderes Gewicht gewinnt der Verbraucherschutz bei der Vermeidung der Irreführung (irreführende Werbung). Der europäische Gesetzgeber hat zu diesem Zweck die Richtlinie des Rates 84/450/EWG vom 10. 9. 1984 zur Angleichung der Rechts- und Verwaltungsvorschriften der Mitgliedsländer über irreführende Werbung (ABl. 1984, L Nr. 250, S. 17 ff., revidiert am 19. 5. 1994 ABl. 1994, C Nr. 136, S. 4 ff.; geändert durch die Richtlinie 97/55/EG des Europäischen Parlaments und des Rates v. 6. 10. 1997 zur Änderung der Richtlinie 84/450/EWG über irreführende Werbung zwecks Einbeziehung der vergleichenden Werbung, ABl. 1997, L Nr. 290, S. 18 ff.) (**Irreführungsrichtlinie**) erlassen. Hauptzweck der Irreführungsrichtlinie ist, den Verbraucher vor Täuschungen durch den Werbenden für Produkte und Dienstleistung zu bewahren.

Das „europäische Verbraucherbild"

Wann im europäischen Verbraucherschutzrecht eine Täuschung vorliegt, hat die Rechtsprechung des EuGH in zahlreichen Entscheidungen deutlich gemacht. Sie hat in ihnen gleichzeitig ein eigenständiges „europäisches Verbraucherbild" etabliert. Das „Verbraucherbild" entscheidet dabei über den Umfang und die Qualität des Verbraucherschutzes: Rechtsordnungen, welche von einem leichtgläubigen, unkritischen Verbraucher ausgehen, benötigen einen umfangreichen Verbraucherschutz. Wirtschaftssysteme, welche demgegenüber in dem Verbraucher einen mündigen, selbstverantwortlichen und kenntnisreichen Wirtschaftspartner sehen, bedürfen nur eines sehr eingeschränkten Schutzes vor Irreführungen. Beispielhaft für diesen Effekt seien die Rechtsordnungen Deutschlands und Italiens aufgeführt: Während das italienische Verbraucherrecht von dem „kritischen Verbraucher" ausgeht, der selbst irreführende Werbeaussagen als solche erkenne und sich nur schwerlich täuschen lasse, greift das deutsche Werberecht auf das Bild eines „oberflächlichen", „flüchtig hinsehenden" und eher „unmündigen" Verbrauchers zurück. Dieser lasse sich bereits durch leichte Missverständlichkeiten in der Werbung täuschen und bedarf daher großzügig des Schutzes der Rechtsordnung. Eine zwischen den obigen Extremen vermittelnde Sicht nimmt das Verbraucherbild der Rechtsprechung des EuGH ein. Der EuGH geht in ständiger Rechtsprechung von einem „verständigen Verbraucher" bzw. – seit dem Jahr 1996 – von einem „durchschnittlich informierten, aufmerksamen und verständigen Durchschnittsverbraucher" aus. In seiner Entscheidung „Clinique" (EuGH v. 2. 2. 1994 Verband Sozialer Wettbewerb e.V. gegen Clinique Laboratoires SNC und Estée Lauder Cosmetics GmbH, Slg. I 1994, S. 317) erweitert der EuGH das Beurteilungsspektrum des Vorliegens einer Irreführung: Es kommt im „europäischen Verbraucherschutzrecht" nicht allein auf die „nationalen Verbraucher" an. Zur Annahme einer Irreführung im europäischen Werberecht ist vielmehr ein Vergleich und die Berücksichtigung der Sichtweise der Verbraucher in allen europäischen Mitgliedsländern erforderlich. Somit gelangt der EuGH zum Begriff des „europäischen Verbrauchers".

Einen Sachverhalt, in dem der EuGH – an Hand des „europäischen Verbraucherbildes" – die Prüfung der Möglichkeit einer werberechtlich relevanten Irreführung vorbildlich demonstriert, ist der Fall „Darbo":

Darbo: EuGH vom 4. 4. 2000 (Rs. C-465/98) Verein gegen Unwesen im Handel und Gewerbe Köln e.V. gegen Adolf Darbo AG, Slg. I 2000, S. 2297 ff. ✎ 77
Das österreichische Unternehmen Darbo AG vertreibt u.a. auch in Deutschland eine von ihm hergestellte Erdbeerkonfitüre unter der Marke „d'arbo naturrein". Die Konfitüre bewirbt sie mit in etwa nachstehendem, auf den Konfitürengläsern angebrachtem Etikett.

GARTEN ERDBEER Konfitüre extra

Hergestellt aus mindestens 50 g Früchten je 100 g.

Gesamtzuckergehalt 60 g je 100 g.

Nach dem Öffnen kühl aufbewahren.

Zutaten: Erdbeeren, Zucker, Zitronensaftkonzentrat, Geliermittel Pektin.

Ein deutscher Verbraucherschutzverein hält die Bezeichnung „d'arbo naturrein" und die Etikettierung der Ware gleich aus drei Gründen – nach § 17 Abs. 1 Nr. 4 und 5 des deutschen Lebensmittelgesetzts– für irreführend:

1. Das Geliermittel Pektin sei ein Zusatzstoff, den der Verbraucher, auf Grund der Bezeichnung „naturrein" nicht zu erwarten hätte.
2. Der Erdboden und die Luft seien heute immer mit Schadstoffen belastet, so dass der Begriff „naturrein" in jedem Fall irreführend sei.
3. Die Konfitüre könne auch nicht wegen der tatsächlich in ihr enthaltenen Rückstände als naturrein bezeichnet werden.

Tatsächlich enthält die Konfitüre geringfügige unter den europäischen Zulässigkeitsgrenzen liegende Spuren von Schwermetallen und Pflanzenschutzmitteln.

Dem EuGH liegt, in dem gegen die Adolf Darbo AG gerichteten Verfahren, die Frage nach der europarechtlichen Zulässigkeit der Angabe naturrein für Produkte vor, die Pektin und geringfügige Spuren von Schadstoffen enthalten.

Zur Beantwortung dieser Frage geht der EuGH von dem „europäischen Leitbild des Verbrauchers" – als einem durchschnittlich informierten, aufmerksamen und verständigen Durchschnittsverbraucher – aus (Rn. 20) und fragt, ob die Werbemaßnahme den „europäischen Verbraucher" hätte täuschen können.

Zu 1: Den Vorwurf, der Verbraucher könne sich durch die Verwendung von Pektin in einem „naturreinen" Produkt getäuscht fühlen, lehnt der EuGH ab. Die Verwendung von Pektin ist nach dem europäischen Lebensmittelrecht rechtmäßig. Ein verständiger Verbraucher richtet ferner seine Kaufentscheidung u.a. nach der Zusammensetzung des Erzeugnisses aus. Deshalb wird er auch – vor jedem Kauf – die Etikettierung der Ware zur Kenntnis nehmen. Da dort der Zusatzstoff „Pektin" ausdrücklich vermerkt ist, kann die Bezeichnung „naturrein" den Verbraucher nicht irreführen.

Zu 2: Ein verständiger, aufgeklärter, d.h. aufmerksamer und durchschnittlich informierter Verbraucher weiß auch, dass die allgemeine Umweltverschmutzung Spuren von Umweltgiften auch in natürlich angebauten Lebensmitteln hinterlässt. Er kann daher nicht durch die Verwendung der Begriffe „naturrein" oder „Garten

Erdbeer" über den Schadstoffgehalt in Lebensmitteln irregeführt werden. Selbst wenn im Einzelfall einzelne Verbraucher diesem Irrtum unterliegen sollten, kann diese individuelle Irreführungsgefahr eine generelle Einschränkung der Warenverkehrsfreiheit nicht rechtfertigen (Rn. 27). Es kommt im europäischen Werberecht vielmehr auf den Durchschnittsverbraucher an.

Zu 3: Letztlich untersucht der EuGH die Frage, ob der europäische Verbraucher durch die Aufmachung und Werbung und der tatsächlich bestehenden Schadstoffbelastung der Konfitüre getäuscht sein könne. Dieses lehnt der EuGH zu Recht ab, denn die Schadstoffkonzentrationen halten sich weit unter den europaweit geltenden Zulässigkeitsgrenzen.

Die Etikettierung und Werbung der Eigenschaft „naturrein" ist daher nicht irreführend. Die oben angegebene Werbemaßnahme der Darbo AG verstieß folglich nicht gegen europäisches Werberecht.

EuGH v. 6. 7. 1995 (Rs. C-470/93) Verein gegen Unwesen in Handel und Gewerbe e.V. gegen Mars GmbH, Slg. I 1995, 1944, Rn. 24 ✆ 32; auch: EuGH v. 26. 10. 1995 (Rs. C-51/94) Kommission gegen Bundesrepublik Deutschland, Slg. I 1995, S. 3599 ff., 3630 (Sauce Bernaise) ✆ 78; EuGH v. 13. 12. 1990 (Rs. C-238/89) Pall Corp. gegen P. J. Dahlhausen & Co., Slg. I 1990, S. 4827 ff. ✆ 79; EuGH v. 26. 10. 1995 (Rs. C-51/94) Kommission gegen Bundesrepublik Deutschland, Slg. I 1995, S. 3599 ff. ✆ 78; EuGH v. 9. 2. 1999 (Rs. C-383/97 Strafverfahren gegen Arnoldus Van der Laan, Slg. I 1999, S. 731 ff. ✆ 80, sowie EuGH v. 16. 7. 1998 (Rs. C-210/96) Gut Springenheide GmbH und Rudolf Tusky gegen Oberkreisdirektor des Kreises Steinfurt (Amt für Lebensmittelüberwachung), Slg. I 1998, S. 4657 ff ✆ 81; EuGH v. 13. 1. 2000 (Rs. C-220/98) Estée Lauder Cosmetics GmbH & Co. OHG gegen Lancaster Group GmbH, Slg. I 2000, S. 117 ff.(m.w.H.) ✆ 82; EuGH v. 28. 1. 1999 (Rs. C-303/97) Verbraucherschutzverein gegen Sektkellerei G.C. Kessler GmbH & Co, Slg. I 1999, S. 513 ff. (Einzelheiten: Krimphove Europäisches Werberecht) ✆ 83

✆ Die Möglichkeit der Kontrolle der vorangegangenen Ausführungen bieten die interaktiven Fragen auf der CD (Test 5).

11. Die europäische Sozialpolitik

Die vertragsschließenden Staaten der Europäischen Gemeinschaften behandelten die „europäische Sozialpolitik" mit größter Zurückhaltung. Dies hat insbesondere seinen Grund darin, dass bis heute die Mitgliedstaaten europäische Eingriffe in ihre nationale Kompetenz speziell auf den Gebieten der Wirtschafts-, Arbeits-, Arbeitsmarktpolitik, der Sozialvorsorge und Sozialversicherungspolitik, sowie letztlich der Arbeitnehmer- bzw. der Unternehmensmitbestimmung sichern wollen. Dieses Anliegen scheint zwar verständlich, stellen doch die oben angesprochenen wichtigsten Bereiche der Sozialpolitik wesentliche Bestandteile einer nationalen Gesamtpolitik dar. Für das europäische Zusammenwachsen und zur die Vereinheitlichung und Angleichung der Rechts-, Wirtschafts- und Lebensverhältnisse in den Europäischen Gemeinschaften wirkt dieser Umstand (das Festhalten an nationaler Eigenständigkeit) jedoch kontraproduktiv.

Die Gemeinschaftscharta der sozialen Grundrechte

Es ist nach oben Gesagten zu begrüßen, dass der europäische Gesetzgeber die Gemeinschaftscharta der sozialen Grundrechte der Arbeitnehmer vom 9. Dezember 1989 (KOM (89) 471 endg. v. 2. 10. 1989) erlassen hat.

Titel I der Gemeinschaftscharta der sozialen Grundrechte der Arbeitnehmer führt in insgesamt 26 Gliederungspunkten „soziale Grundrechte" der Arbeitnehmer auf. Diese gliedern sich in:

Übersicht 36: Arbeitnehmerrechte der Gemeinschaftscharta

- Freizügigkeit (Nr. 1-3)
- Beschäftigungs- und Arbeitsentgelt (Nr. 4-6)
- Verbesserung der Lebens- und Arbeitsbedingungen (Nr. 7-9)
- Sozialer Schutz (Nr. 10)
- Koalitionsfreiheit und Tarifverhandlungen (Nr. 11-14)
- Berufsausbildung (Nr. 15)

- Gleichbehandlung von Männern und Frauen (Nr. 16)
- Unterrichtung, Anhörung und Mitwirkung der Arbeitnehmer (Nr. 17, 18)
- Gesundheitsschutz und Sicherheit in Arbeitsumwelt (Nr. 19)
- Kinder- und Jugendschutz (Nr. 20-23)
- Schutz älterer Menschen (Nr. 24, 25)
- Schutz von Behinderten (Nr. 26)

Obschon die Gemeinschaftscharta inhaltlich umfassende Aussagen zu den Rechten europäischer Arbeitnehmer und Arbeitgeber trifft, weist sie keinen – für die Mitgliedsländer bzw. die dort tätigen Arbeitnehmer und Arbeitgeber – verbindlichen Rechtscharakter auf. Im Rahmen der Sozialpolitik hat der europäische Gesetzgeber bis heute lediglich Normen geschaffen, die das Recht europäischer Arbeitnehmer auf ihre Freizügigkeit ausformulieren. Die Gewährung der Arbeitnehmerfreizügigkeit nahm jedoch bereits der EG-Vertrag in Art. 39 EGV vor. Bezeichnend für die „Sensibilität" und politische Brisanz der europäischen Sozialpolitik ist, dass ihre Normen vorwiegend in Form von Richtlinien ergingen. Im Gegensatz zur europäischen Verordnung erlangt die europäische Richtlinie nicht schon mit ihrem Erlass durch den europäischen Gesetzgeber Verbindlichkeit in allen Mitgliedsländern. Den Mitgliedstaaten verbleibt bei europäischen Richtlinien vielmehr der Schritt, diese in ihr nationales Recht umsetzen zu müssen. Auch in der Rechtswahl der europäischen Normgebung trägt der europäische Gesetzgeber der Brisanz und den nationalen Empfindlichkeiten der europäischen Mitgliedstaaten Rechnung.

Lediglich auf dem Gebiet der Gleichbehandlung von Frauen und Männern im Arbeitsleben hat die „europäische Sozialpolitik" – vor allem durch die eingehende Rechtsprechung des EuGH – weitreichende inhaltliche Konturen erlangt. Das Recht der Gleichbehandlung beeinflusst unmittelbar jedes einzelne Verhältnis zwischen dem Arbeitgeber und dem Arbeitnehmer. Aus diesem Grunde seien seine für die tägliche arbeitsrechtliche Praxis bedeutendsten Inhalte kurz vorgestellt.

Die arbeitsrechtliche Gleichbehandlung von Frauen und Männern Art. 141 EGV

Die Einführung der Gleichbehandlung von Männern und Frauen am Arbeitsplatz hatte in der Entstehungsgeschichte nicht ausschließlich „frauenförderliche" Motive: Frankreich strebte mit der Einführung des Art. 119 EWG-V (jetzt Art. 141 EGV) an, Wettbewerbsvorteile anderer Mitgliedstaaten nicht entstehen zu lassen; nachdem es – im Gegensatz zu den meisten europäischen Mitgliedsländern – bereits den Grundsatz der Entgeltgleichheit in sein nationales Arbeitsrecht eingeführt hatte und somit erhebliche Nachteile seines Wirtschaftsstandortsbefürchtete.

Im Unterschied zum Gleichbehandlungsgebot des Art. 39 ff. EGV bezieht sich die Arbeitnehmergleichbehandlung nicht auf die Gleichstellung ausländischer mit inländischen Arbeitnehmern, sondern auf die von Frauen und Männern (geschlechtsbezogene Gleichbehandlung). Im Gegensatz zu Art. 39 EGV bedarf die geschlechtsbezogene Gleichbehandlung folgerichtig keines grenzüberschreitenden Bezuges.

Das Gleichbehandlungsgebot besteht für alle Bereiche des Arbeitslebens. Die Richtlinie 76/207/EWG (C 179 vom 22.06.1996, S. 0008) verpflichtet die Mitgliedstaaten zur Vornahme all jener, in den speziellen Bereichen des Arbeitslebens, erforderliche Maßnahmen zu treffen:

Übersicht 37: Gewährung der Gleichbehandlung von Frauen und Männern

Maßnahme	Richtlinie 76/207/EWG
Gleichen Zugang zur Berufsberatung sowie sämtlicher Maßnahmen der Berufs-, Aus- und Weiterbildung	Art. 4
Gewährung eines gleichberechtigten Berufs- und Arbeitszuganges sowie Sicherstellung der Chancengleichheit beim beruflichen Aufstieg	Art. 3
Gleichbehandlung von Männern und Frauen bei allen Arbeitsbedingungen und der Beendigung des Arbeitsverhältnisses	Art. 5

- **Die Gleichbehandlung beim Zugang zu einer bestimmten Beschäftigung:**

  Dekker; EuGH v. 8. 11. 1990 (Rs. 177/88) Elisabeth Johanna Pacifica Dekker gegen Stichting Vormingscentrum voor Jong Volwassenen (VJV-Centrum) Plus, Slg. I 1990, S. 3941 ✪ 84

  Frau Dekker bewarb sich bei der vom VJV betriebenen Bildungsstätte als Erzieherin. Die Frage nach einer bestehenden Schwangerschaft beantwortete Frau Dekker anlässlich ihres Bewerbungsgespräches zustimmend. Ihre Bewerbung wurde daher auf Grund der bestehenden Schwangerschaft zurückgewiesen.

  In der Nichteinstellung der Bewerberin sah der EuGH deren unmittelbare Diskriminierung i.S.d. Art. 3 der Richtlinie 76/207/EWG: Einer Frau erwachsen durch die Beachtung einer bestehenden Schwangerschaft – als Einstellungshindernis – geschlechtsbezogene Nachteile beim Zugang zu einer Beschäftigung.

- **Gleichbehandlung hinsichtlich des Arbeitsentgeltes:**

  Hauptanliegen der geschlechtsspezifischen Gleichbehandlung ist die Gewährleistung der gleichen Bezahlung von Männern und Frauen für die gleiche Arbeitsleistung (*Entgeltgleichheit*). Diesen Grundsatz führt bereits das Primärrecht in Art. 141 EGV auf. Hier sind es oft Sachverhalte, die nicht unmittelbar auf eine Diskriminierung von Frauen abstellen. Frauen werden vielmehr „mittelbar" bezüglich ihrer Entlohnung gegenüber ihren männlichen Kollegen benachteiligt, da sie einer bestimmten Arbeitnehmerschicht (hier: Teilzeitarbeitnehmer) angehören (sog „mittelbare Diskriminierung"):

  Jenkins; EuGH v. 31. 3. 1981 (Rs. 96/80) J. P. Jenkins gegen Kingsgate (Clothing Production) Ltd., Slg. 1981, S. 911 ✪ 85

  Frau Jenkins arbeitete als Teilzeitarbeitnehmerin bei der Firma Kingsgate. In Teilzeitbeschäftigungen arbeiten überwiegend nur weibliche Arbeitnehmer. Frau Jenkins bezog – wie alle Teilzeitbeschäftigten – einen, im Vergleich mit ihren meist männlichen „Vollzeit-Kollegen", 10 % niedrigeren Stundenlohn.

  Der Gerichtshof sah in dieser Entlohnung ein „indirektes" Mittel einer unzulässigen mittelbaren Diskriminierung weiblicher Arbeitnehmer, da Teilzeitbeschäftigungen weitgehend nur von weiblichen Arbeitskräften wahrgenommen werden.

- **Gleichbehandlung im Rahmen der Beendigung des Arbeitsverhältnisses:**

Dem sehr weit gefassten Bereich der „mittelbaren Diskriminierung" gibt der EuGH dadurch Konturen, dass er auf den „geschlechtsspezifischen Bezug" der Diskriminierung abstellt.

Kriesamer-Hack; EuGH v. 30. 11. 1993 (Rs. C-189/91) P. Kriesamer-Hack gegen Nurhan Sidal (Slg. I 1993, S. 6185) ✐ 86

In Deutschland unterfallen Beschäftigte von Betrieben mit einer Mitarbeiterzahl von bis zu 5 Arbeitnehmern (Kleinbetriebe) nicht dem Kündigungsschutzgesetz. Als Beschäftigte gelten nicht jene Arbeitnehmer, die weniger als 10 Stunden wöchentlich tätig sind.

In dem Betrieb der Beklagten (Zahnarztpraxis) arbeiten ausschließlich Arbeitnehmerinnen, davon zwei Vollzeitbeschäftigte, eine in Teilzeitarbeit (über 10 Std. wöchentlich) und 4 Teilzeitbeschäftigte unter 10 Wochenstunden. Als Frau Krisammer-Hack die Kündigung – wegen nichtausreichender Arbeitsleistungen – erhielt, verlangt sie arbeitsgerichtlich Kündigungsschutz. Das Arbeitsgericht legte dem EuGH u.a. die Frage vor, ob die gesetzliche Regelung, wonach der Kündigungsschutz auf Kleinbetriebe ausgeschlossen sei, eine indirekte Frauendiskriminierung darstelle.

Dies verneinte der EuGH zu Recht: Zwar könne es zutreffen, dass in Deutschland nahezu 90 % aller Teilzeitbeschäftigten Frauen seien. Die Herhausnahme von Arbeitnehmern aus dem Kündigungsschutz auf Grund der Berechnung der Betriebsgröße betrifft jedoch nicht **spezifisch** Frauen und sei daher nicht mittelbar diskriminierend.

Siehe auch **Stadt Lengerich u. A.**; EuGH v. 15. 12. 1994 (Rs. C-399/92, C-409/92, C-34/93, C-78/93) Stadt Lengerich gegen Angelika Helmig; Waltraut Schmidt gegen DAK; Elke Herzog gegen Arbeiter-Samariter-Bund, Landesverband Hamburg e. V.; Dagmar Lange gegen Bundesknappschaft Bochum; Angelika Kussfeld gegen Bogdol GmbH; Ursula Ladewig gegen Kreis Segeberg, Slg. I 1994, S. 5727 ✐ 87

Ausnahmen von Grundsatz der Gleichbehandlung

Geschlechtspezifische Ungleichbehandlungen können nur im Einzelfall gerechtfertigt sein. Dies ist der Fall bei:

Übersicht 38: Ausnahmen aus dem Gleichbehandlungsgebot weiblicher wie männlicher Arbeitnehmer

1 Tätigkeiten und Ausbildungsmaßnahmen, die auf Grund ihrer Art oder Bedingung ihrer Ausübung die Zugehörigkeit zu einer bestimmten Geschlechtsgruppe bedingen (Art. 2 Abs. 2 Richtlinie 76/207/EWG)

2 Sachverhalten, welche den Schutz der Frau, insbesondere den Schwangerschafts- und Mutterschutz gewährleisten (Art. 2 Abs. 3 Richtlinie 76/207/EWG)

3 Maßnahmen zur Förderung der Chancengleichheit für Männer und Frauen (Art. 2 Abs. 4 Richtlinie 76/207/EWG)

Problematisch ist insbesondere Punkt 3: Denn Männer und Frauen haben grundsätzlich das gleiche Recht auf Zugang zu einer bestimmten Beschäftigung. Besonders kontrovers sind daher Sachverhalte, in denen nationale Arbeitgeber Frauen – aus Gründen der Frauenförderung – vorrangig gegenüber ihren männlichen Mitbewerbern behandeln.

Kalanke; EuGH (Rs. C-450/93) Eckhardt Kalanke gegen Hansestadt Bremen (Slg. 1995, S. I-3051)

Herr Kalanke bewarb sich zeitgleich mit einer Mitbewerberin um eine Stellung bei der Hansestadt Bremen. Da beide Bewerber die gleiche bzw. gleichwertige Qualifikation mitbrachten, entschied sich die Hansestadt Bremen – entsprechend des § 4 des Landesgleichstellungsgesetzes der Hansestadt Bremen (LGG) – für die Einstellung der Bewerberin. Art. 4 LGG bestimmt, dass bei gleicher bzw. gleichwertiger Qualifikation der Bewerber, Frauen der Vorzug zu geben ist. Herr Kalanke fühlt sich durch den Vorzug der Mitbewerberin geschlechtsbezogen diskriminiert.

Der EuGH sieht in der Festlegung von Frauenquoten, jedenfalls dann eine unzulässige Diskriminierung männlicher Bewerber, wenn diese Regelung den Frauen einen absoluten und unbedingten Vorrang gegenüber gleichqualifizierten männlichen Bewerbern einräumen (absolute Frauenquoten). Eine Frauenförderung über „absolute Frauenquoten" überschreite daher die engen Grenzen des Art. 2 Abs. 4 der Richtlinie 76/20/EWG und ist somit nach europäischem Recht unzulässig.

EuGH v. 11. 11. 1997 (Rs. C-409/95) Hellmut Marschall gegen Land Nordrhein-Westfalen Slg. I 1997, S. 6363, Rn. 21 ff. ✐ 88 ; EuGH v. 28. 3. 2000 (Rs. C-158/97) Georg Badeck u.a.: Beteiligte: Hessischer Ministerpräsident, Landesanwalt beim Staatsgerichtshof des Landes Hessen, Rn. 18 ff. Zur Problematik siehe Krimphove: Europäisches Arbeitsrecht, S. 247 ff. (m.w.H.) ✎ 89

Rechtsfolgen der Ungleichbehandlung durch den Arbeitgeber

Die Ungleichbehandlung von europäischen Arbeitnehmern – sei es im Fall des Art. 39 oder des Art. 141 EGV – löst weitreichende „Wiedergutmachungsansprüche oder/und Schadenersatzansprüche des Arbeitnehmers gegen den Arbeitgeber aus.

Übersicht 39: Rechtsfolgen der Arbeitnehmer-Diskriminierung

1 Diskriminierende Maßnahmen sind grundsätzlich **nichtig**.

2 Der Diskriminierende kann zum **Unterlassen** und zu **Maßnahmen** zukünftiger Gleichbehandlung der Geschlechter aufgefordert werden.

3 Auf Grund einer Diskriminierung zu wenig gezahltes Arbeitsentgelt und Sozialbeiträge sind **nachzuzahlen**.

4 Im Fall der unzulässig diskriminierenden **Beendigung** des Arbeitsverhältnisses sah der EuGH die diskriminierende Kündigung als nichtig an. In der Praxis gelangt diese Rechtsprechung zu einem „**Weiterbeschäftigungsanspruch**" des diskriminierten Arbeitnehmers.

5 Im Fall von Diskriminierungen bei der **Begründung** eines Arbeitsverhältnisses hat der Arbeitnehmer keinen Anspruch gegen den Arbeitgeber auf (Zwangs-)Einstellung. Ihm steht vielmehr gegenüber dem diskriminierenden Arbeitgeber ein **Schadenersatzanspruch** zu.

Die Schadenersatzansprüche dienen dabei nicht nur dem Ausgleich der beim Arbeitnehmer durch die Ungleichbehandlung entstandenen Vermögenseinbußen. Sie sollen ebenfalls eine „empfindliche Sanktion" gegenüber dem Arbeitgeber darstellen, um so von Diskriminierungen abzuhalten. Zur Bestimmung seiner Höhe im Einzelfall ist daher die abschreckende Wirkung gegenüber einem diskriminierenden Arbeitgeber einzubeziehen. Zur Abschreckung genügt beispielsweise im Fall „Birds Eye Walls Limited gegen F. M. Roberts" ein Betrag von 6.250 englischen Pfund, also ca. 7.500 €, nicht (Einzelheiten siehe Krimphove: Europäisches Arbeitsrecht, S. 252 ff. (m.w.H.)).

Das Arbeitsschutzrecht

Neben unzähligen Sondervorschriften zur Regelung zum Schutz vor Gefahren und Gefährdungen des Arbeitnehmers am Arbeitsplatz („technischer Arbeitsschutz", Einzelheiten siehe Krimphove: Europäisches Arbeitsrecht, S. 332 ff. (m.w.H.)) hat der europäische Gesetzgeber Normen zum Schutz des „sozialen" Standes des Arbeitnehmers erlassen. Die wichtigsten Regelungen des „sozialen Arbeitsschutzes" sind:

- Richtlinie 98/59/EG des Rates zur Angleichung der Rechtsvorschriften der Mitgliedstaaten über Massenentlassungen vom 20. 7. 1998 (ABl. 1988, Nr. L 225, S. 16)

- Richtlinie 77/187/EWG des Rates vom 14. 2. 1977 zur Angleichung der Rechtsvorschriften der Mitgliedstaaten über die Wahrung von Ansprüchen der Arbeitnehmer beim Übergang von Unternehmen, Betrieben oder Betriebsteilen (ABl. 1977, Nr. L 61, S. 26)

- Richtlinie 80/987/EWG des Rates vom 20. 10. 1980 zur Angleichung der Rechtsvorschriften der Mitgliedstaaten über den Schutz der Arbeitnehmer bei Zahlungsunfähigkeit des Arbeitgebers (ABl. 1980, Nr. L 283, S. 23)

Arbeits- und Unternehmensrechtliche Fragen hat die Richtlinie 77/187/EWG aufgeworfen. Hier geht es um die Definition des Begriffes Betriebsteil. Der EuGH hat im Fall „Christel Schmidt" – im Gegensatz zum deutschen Bundesarbeitsgericht – die Reinigungs-Tätigkeit einer Putzfrau als selbstständigen Betriebsteil anerkannt:

Christel Schmidt, EuGH v. 14. 4. 1994 (Rs. C-329/92) Christel Schmidt gegen Spar- und Leihkasse der früheren Ämter Bordesholm, Kiel und Cornshagen, Slg. I 1994, S. 1311
Die Spar- und Leihkasse kündigte Frau Schmidt, die bei ihr als alleinige Reinigungskraft der Filiale Wacken angestellt war. Die Kündigung begründete die Spar- und Leihkasse damit, dass sie die Filiale Wacken baulich vergrößern und danach die dort anfallenden Reinigungsarbeiten einem selbstständigen Reinigungsunternehmen übertragen wolle. Dieses Reinigungsunternehmen bot Frau

Schmidt – nach Beendigung der Umbauarbeiten – den Abschluss eines Arbeits-
vertrages mit ihm an. Frau Schmidt sollte – nun für einen neuen Arbeitgeber,
nämlich für das Reinigungsunternehmen – die gleichen Reinigungsarbeiten in den
Räumen der Spar- und Leihkasse Kiel und Cornshagen verrichten. Frau Schmidt
lehnte dieses Angebot ab und wandte sich gegen ihre Kündigung durch ihren
vormaligen Arbeitgeber, der Spar- und Leihkasse. Frau Schmidt berief sich hierzu
auf das Kündigungsverbot, das im Zusammenhang mit einem Betriebsübergang
besteht.

Der EuGH nahm einen Betriebs- bzw. Betriebsteilübergang an, wenn (lediglich)
Teil-Funktionen (hier: Reinigungsaufgaben), die von einem einzelnen Arbeitnehmer ausgeführt wurden, vertraglich auf einen anderen Arbeitgeber übergehen
sollen (sog. „Funktionen-Nachfolge"). Da somit in dem Übergang der Tätigkeit der
alleinigen Putzfrau, Frau Schmidt, von der Sparkasse Wacken zu dem Reinigungsunternehmen, ein Betriebsübergang i.S.d. Art. 1 der Richtlinie 77/187/EWG
vorlag, bejahte der EuGH das Kündigungsverbot von Frau Schmidt. Der ehemalige
Arbeitgeber von Frau Schmidt, die Spar- und Leihkasse, durfte folglich gemäß
Art. 4 Abs. 1 Richtlinie 77/187/EWG Frau Schmidt nicht – anlässlich der Übertragung der Reinigungsarbeiten auf die Reinigungsfirma – kündigen. Das Arbeitsverhältnis zu dem vormaligen Arbeitgeber, der Sparkasse Wacken, besteht daher
fort.

Hintergrund dieser Entscheidung war die Überlegung, dass die
Funktion der in der Sparkasse allein tätigen Putzfrau im konkreten
Fall eine organisatorische, betriebliche Einheit darstellt und die
„Funktionen-Übertragung" daher als Betriebsübergang anzusehen
war. Diese organisatorische, betriebliche Eigenständigkeit der
„Funktionen-Nachfolge" verneint der EuGH zu Recht in Fällen
Rask, Christensen", „Rygard" und **„Ayse Süzen"**. In diesen
Sachverhalten gingen nur einzelne Aufträge, die keine organisatori-
schen Änderungen bei den „neuen Arbeitgeber" verlangen, auf
einen neuen Anbieter (=Arbeitgeber) über.

Das „Kollektive europäische Arbeitsrecht"

Der Zusammenschluss europaweit operierender Unternehmen,
veranlasst Arbeitnehmer in Europa ebenfalls sich zu organisieren,
um so ihre Interessen gegenüber den Arbeitgebern wirksam vertreten zu können. Dies gilt umso mehr, als die Verabschiedung europäischer Gesellschaftsformen, in deren Gremien Arbeitnehmer
mitbestimmen dürfen, derzeit noch Zukunftsvisionen sind. Nicht

gelungen ist ebenfalls eine Verabschiedung eines „europäischen Tarifvertrags" oder die einheitliche Regelung des europäischen Arbeitskampfrechts.

Der Europäische Gesetzgeber hat derzeit – auf der Ebene der Mitbestimmung der Arbeitnehmer in einer „europäischen Aktiengesellschaft" die Richtlinie 2001/86/EG des Rates zur Ergänzung des Statuts der europäischen Gesellschaft hinsichtlich der Beteiligung der Arbeitnehmer (ABl. L, Nr. 294, S. 22 ff.) geschaffen. Die Richtlinie 2001/86/EG lässt die zum Teil sehr unterschiedlichen Mitbestimmungsmodelle der einzelnen Mitgliedstaaten bestehen. Sie gewährt den Arbeitnehmern die Möglichkeit, sich in einem „besonderen Verhandlungsgremium" zu organisieren und mit der Unternehmensleitung die konkreten Fragen der Arbeitnehmer-Mitbestimmung auszuhandeln. Die Richtlinie 2001/86/EG stellt somit die Arbeitnehmer-Mitbestimmung weitgehend in die Verhandlungsdisposition der Parteien. Nationale Standards sollen die Verhandlungsparteien nicht unterschreiten. Im Fall des Fehlens und insbesondere des Scheiterns der Verhandlungen greifen Mindestanforderungen der Richtlinie 2001/86/EG ein. Der Inhalt und die Vorgehensweise der Richtlinie 2001/86/EG ähnelt dem des europäischen Betriebsrats (siehe Richtlinie 94/45/EG vom 22. September 1994 über die Einsetzung eines europäischen Betriebsrats oder die Schaffung eines Verfahrens zur Unterrichtung und Anhörung der Arbeitnehmer (ABl. 1994, Nr. L. 254, S. 64)).

Zur „personalpolitischen Mitwirkung der Arbeitnehmer" schuf der europäische Gesetzgeber durch die Richtlinie 94/45/EG vom 22. September 1994 über die Einsetzung eines europäischen Betriebsrats oder die Schaffung eines Verfahrens zur Unterrichtung und Anhörung der Arbeitnehmer (ABl. 1994, Nr. L. 254, S. 64) den „europäischen Betriebsrat". Nachfolgendes Schaubild verdeutlicht das Entstehen und die Funktion des „europäischen Betriebsrats".

Übersicht 40: Der europäische Betriebsrat

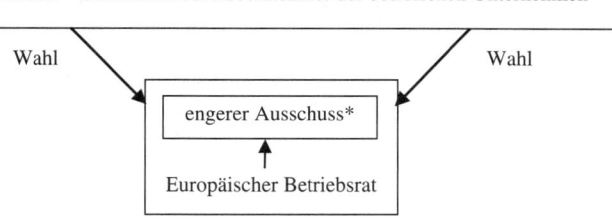

Vereinbarung über:	*** Bei fehlender Vereinbarung (subsidiäre Vorschriften)**
<ul><li>betroffene Unternehmen, Betriebe</li><li>Zusammensetzung</li><li>Mitgliederstärke</li><li>Sitzverteilung</li><li>Mandatsdauer</li><li>Befugnisse</li><li>Verfahren der Unterrichtung und Anhörung</li><li>Ort, Turnus und Frequenz der Sitzungen</li><li>Finanzierung des EBR</li><li>Laufzeit der Vereinbarung</li></ul>	<ul><li>betroffene Unternehmen: europaweit operierende Unternehmen bzw. Unternehmensgruppen</li><li>Zusammensetzung: Arbeitnehmer der Unternehmen</li><li>Mitgliederstärke: 3 - 30</li><li>Sitzverteilung: vorrangig: ein Mitglied je betroffenem Mitgliedsland, dann: zusätzliche Plätze nach Zahl der Arbeitnehmergruppen</li><li>Mandatsdauer: 4 Jahre</li><li>Befugnisse: Unterrichtung und Anhörung</li><li>Verfahren der Unterrichtung und Anhörung: In Eilfällen über den „engeren Ausschuss"</li><li>Ort, Turnus und Frequenz der Sitzungen: einmal jährlich</li><li>Finanzierung des EBR: durch zentrale Unternehmensleitung</li></ul>

Der europäische Betriebsrat gewährt den Arbeitnehmern jedoch nur Informations- bzw. Konsultationsansprüche. Ein „echtes" Mitbestimmungsrecht kennt der europäische Betriebsrat nicht. Die genaue Ausgestaltung des „europäischen Betriebsrats" bleibt den Verhandlungen der Arbeitnehmer und der Unternehmensleitung vorbehalten. Auch greift die inhaltliche Ausgestaltung des europäischen Betriebsrats stark auf die nationale Rechtslage zurück. Scheitern die Verhandlungen, so stellt auch hier die Richtlinie 94/45/EG einige Mindestanforderungen zur Etablierung und Ausgestaltung des „europäischen Betriebsrats" auf.

12. Die europäische Wettbewerbspolitik

Schon frühzeitig stellte sich im Zusammenhang mit dem Abschluss der Europäischen Verträge (im Jahr 1957) die Frage nach den wünschenswerten Wettbewerbsverhältnissen im Europäischen Binnenmarkt. Die Parteien der Europäischen Verträge sahen sich vor die Herausforderung gestellt, Grundvoraussetzungen für einen europäischen Wettbewerb zu schaffen (die Harmonisierung von damals sechs Wettbewerbsrechtsordnungen). Diese Rechtsangleichung auf dem Gebiet des europäischen Wettbewerbsrechts fiel um so schwerer, als jede der nationalen Rechtsordnungen ureigene nationale wirtschafts- und wettbewerbspolitische Ziele verfolgt.

Die europäische Wettbewerbspolitik orientiert sich am Leitbild des sog. wirksamen Wettbewerbs „workable competition". Dies bedeutet:

- Der Idealvorstellung des in der Praxis nicht vorkommenden Modells des „vollkommenen Wettbewerbs" erteilt die europäische Wettbewerbspolitik eine Absage.

- Das europäische Wettbewerbsverständnis toleriert daher auch Marktunvollkommenheiten („imperfektions"), gegen die ein Einschreiten nicht notwendig wird.

- Ein Einschreiten der europäischen Organe ist nur dann notwendig, wenn unternehmerische Maßnahmen den Bestand und die Funktionsfähigkeit des Wettbewerbs aufheben. Die Funktion des

Wettbewerbs besteht in der Möglichkeit des Austausches von Waren und Dienstleistungen, den lediglich der Preis-/Leistungsmechanismus (Marktmechanismus) regelt.

Zur Aufrechterhaltung des „wirksamen Wettbewerbs" hat sich der europäische Gesetzgeber für die Etablierung von Regelungen

1 zur Kontrolle des **Marktverhaltens** – in Form eines weit gefassten Kartellverbots gem. Art. 81 EGV, bzw. in Form des Verbotsdes Missbrauches einer marktbeherrschenden Unternehmensstellung Art. 82 EGV –

2 und Regelungen zur Gewährleistung einer **Markstruktur,** auf der eine Vielzahl von Unternehmen, insbesondere kleine und mittelgroße Unternehmen in Konkurrenz treten können (vornehmlich durch die Verordnung (EWG) Nr. 4064/89 des Rates v. 21. 12. 1989 über die Kontrolle von Unternehmenszusammenschlüssen (ABl. L 1990 Nr. 257, S. 13) (**Fusionskontroll-Verordnung**)) entschieden.

Um nicht alle Marktunvollkommenheiten reglementieren zu müssen, enthält das europäische Wettbewerbsrecht die „Bekanntmachung der Kommission 97/C 372/04 über Vereinbarungen von geringer Bedeutung", die nicht unter Artikel 81 Absatz 1 des Vertrages zur Gründung der Europäischen Gemeinschaft fallen (ABl. C 1997, N 327, S. 13) (**Bagatellebekanntmachung**).

Die Angriffsschwellen für Unternehmenszusammenschlüsse, die nach der europäischen Fusionskontroll-Verordnung auf ihre wettbewerbliche Wirkung zu kontrollieren sind, liegen weit unter denen der nationalen Fusionskontrollgesetzen.

Steuerung des Marktverhaltens durch das Verbot von „Kartelabsprachen"

Zur Steuerung des Marktverhaltens hat der europäische Gesetzgeber Art. 81 EGV geschaffen. Dieser untersagt

1 Vereinbarungen,

2 Beschlüsse

3 und abgestimmte Verhaltensweisen von Unternehmen,

4 die geeignet sind, eine Verhinderung, Einschränkung und Verfälschung des Wettbewerbs innerhalb des Europäischen Binnenmarktszu bezwecken, und die

5 geeignet sind, den Handel zwischen den Mitgliedstaaten tatsächlich zu beeinträchtigen.

Der in Art. 81 EGV aufgeführte Katalog von Beispielen einer solchen Wettbewerbsbeeinträchtigung ist nicht vollständig, so dass auch andere, nicht genannte Unternehmensstrategien dem Kartellverbot des Art. 81 EGV unterfallen können.

Übersicht 41: Unzulässige Unternehmensabsprachen i.S.d. Art. 81 EGV

- Die unmittelbare Festsetzung von An- oder Verkaufspreisen bzw. der sonstigen Geschäftsbedingungen
- Die Einschränkung der Produktion und Leistungen, des Absatzes, der technischen Entwicklung oder der Investitionen
- oder deren Kontrolle i.S.v. Aufsicht
- Die Aufteilung der Märkte oder Versorgungsquellen
- Die Verwendung unterschiedlicher Bedingungen gegenüber Handelspartnern
- Die Kopplung des Geschäftsabschluss mit der Verpflichtung zur Abnahme sachfremder Leistungen

Die Kommission kann zur Durchsetzung ihrer Verbote und zur Ahndung von Kartellabsprachen Bußgelder gegen die Unternehmen festsetzen. In dem Fall „Volkswagen" (ABl. L, Nr. 124, v. 25. 4. 1998, S. 60) erreichte ein solches Bußgeld die spektakuläre Höhe von 102 Mio. €.

Voraussetzung des Art. 81 EGV ist, dass die Unternehmen, die die kartellrechtliche Absprache treffen, eigenständig sind und bleiben (anderenfalls könnte ein Tatbestand einer Unternehmensfusion vorliegen).

Viho Europe; EuGH v. 12. 1. 1995 (Rs. T-102/92) Viho Europe gegen Parker Pen Slg. 1993, S. I-801 ✎ 90

Die Firma Parker Pen untersagt ihren Tochterunternehmen, Parker-Produkte in ein anderes europäisches Mitgliedsland zu verkaufen. Daher kommt es auf dem Europäischen Binnenmarkt zu unterschiedlichen Preisen derselben Produkte.

Der EuGH verneint hier die Anwendung des Art. 81 EGV. Die hier in Ansprache stehenden Unternehmen sind zwar rechtlich, nicht jedoch wirtschaftlich selbstständig.

Vergl. auch Parker Pen Ltd. gegen Kommission der Europäischen Gemeinschaften: EuGH v. 14. 7. 1994 (Rs. T-77/92) Slg. II 1994, S. 549; Herlitz gegen Kommission der Europäischen Gemeinschaften ✍ 91: EuGH v. 14. 7. 1994, (Rs. 66/92) Slg. II 1994, S. 531; Metro ✍ 92; EuGH v. 22. 10. 1986 (Rs. 75/84) Metro SB-Großmärkte GmbH & Co KG gegen Kommission der Europäischen Gemeinschaften, Slg. 1986, S. 3021 ✍ 93

Obschon eine Absprache zwischen Mutter- und Tochterunternehmen einen wettbewerbsbeschränkenden Effekt haben kann, ist sie nicht nach Art. 81 EGV zu untersagen. Allenfalls könnte die Anweisung des Mutterunternehmens an seine Tochter als Missbrauch einer marktbeherrschenden Unternehmensstellung anzusehen sein. Dann müssten aber die Voraussetzungen des Art. 82 EGV – insbesondere das Bestehen einer marktbeherrschenden Stellung – vorliegen.

Einen Fall, in dem der EuGH die Rechtmäßigkeit einer Absprache hinsichtlich des Vertriebes von mehreren wirtschaftlich/organisatorisch eigenständigen Unternehmen zu beurteilen hatte, gibt die Entscheidung „Cartier" wider. Diese Vertriebsabsprachen sind unter dem Stichwort „selektiver Vertrieb" bekannt.

Cartier; EuGH v. 13. 1. 1994 (Rs. C-376/92) Metro gegen Cartier; Slg. I 1994, S. 15 ✍ 94

Der Uhrenhersteller Cartier vertreibt Luxus-Uhren in einem Vertriebssystem, das grundsätzlich nur die Belieferung von Verkaufsstellen mit einem „gehobenen Ambiente" voraussetzt (selektiver Vertrieb). In der Schweiz bestehen allerdings Lücken im selektiven Vertriebssystem, sodass die Supermarktkette „Metro" Cartier-Uhren in der Schweiz erwerben konnte. Diese Uhren importiert Metro in diverse Mitgliedstaaten der Europäischen Gemeinschaft und vertreibt sie (u.a. in Deutschland) in den Metro-Verkaufsstellen.

Cartier verweigert die sonst gegebene Herstellergarantie auf Uhren, die nicht bei ihr oder ihren ausgesuchten Händlern, sondern bei „Metro" gekauft worden sind.

Der EuGH erblickt in der Vereinbarung eines selektiven Vertriebssystems eine Absprache zwischen Unternehmen (hier: Cartier und ihren Vertraghändlern), die andere Händler vom Vertrieb der Produkte ausnimmt und die daher gemäß Art. 81 EGV grundsätzlich unzulässig ist. Zum Schutz der Verbraucher ist eine solche Absprache – d.h. die Auswahl der Händler – dann gerechtfertigt, wenn objektive Kriterien des vertriebenen Produktsbzw. der angebotenen Dienstleistung eine besondere fachliche Eignung des Händlers und/oder dessen besondere Ausstattung der Verkaufsräume erfordern. Eine fachliche Eignung des Vertreibers erfordert insbesondere der Vertrieb von technisch hoch entwickelten Produkten. Hier bedarf der Kunde einer qualifizierten Beratung durch den Vertreiber. Auf eine besondere räumliche Ausstattung des Vertreibers – namentlich ein besonderes Verkaufsambiente – ist der Vertrieb von Luxusprodukten angewiesen. Denn die qualitativ hochwertige Ausstattung des Vertreibers unterstreicht das Image des Produktsund seine Exklusivität. Da es sich bei den Cartier-Uhren um Luxusgegenstände handelt, war insbesondere letzterer Gesichtspunkt erfüllt und der „selektive Vertrieb" in diesem Fall daher zulässig. Die Zulässigkeit des „selektiven Vertriebes" berechtigte hier den Hersteller „Cartier" zum Ausschluss seiner Garantie- und Gewährleistung für Produkte, die der Kunde außerhalb des selektiven Vertriebssystems erworben hatte.

Vergl. auch: Metro/Kommission; EuGH v. 22. 10. 1986 (Rs. 75/84) Metro gegen Kommission Europäischer Gemeinschaften, Slg. 1986, S. 3021 ✍ 93

Die deutsche Rechtsprechung stellte zur wettbewerbsrechtlichen Beurteilung „selektiver Vertriebssysteme" entscheidend darauf ab, ob diese „lückenlos" sind. Nur ein System, das ausschließlich autorisierte Händler beliefert, konnte (kann) daher nach den obigen Grundsätzen gerechtfertigt und somit zulässig sein. Nach der deutschen Rechtsprechung war das Vertriebssystem von Cartier unzulässig, denn es enthielt in der Schweiz eine „Lücke", die es der Supermarktkette „Metro" in der Schweiz erlaubte, Cartier-Uhren zu erwerben.

Die Erforderlichkeit der „Lückenlosigkeit" des selektiven Vertriebssystems verneint der EuGH ausdrücklich. Denn eine solche Sicht bevorzugt die sog. „geschlossenen" selektiven Vertriebssysteme gegenüber den selektiven, obschon lückenhafte Systeme des selektiven Vertriebs flexibler sind und den Handel in der Europäischen Gemeinschaft daher fördern. Die deutsche Rechtsprechung – namentlich ihr Erfordernis der „Lückenlosigkeit" des selektiven

Vertriebssystems – ist daher auf Sachverhalte auf europaweite Systeme des selektiven Vertriebs nicht anwendbar.

■ *ACHTUNG!*
Die europäische Rechtslage schließt nicht aus, die deutsche Rechtslage auf die Beurteilung rein inländischer selektiver Vertriebssysteme anzu-wenden. Denn für diese gilt das europäische Recht nicht. Auch hier zeigt sich die Problematik der Inländerungleichbehandlung. ■

Bestimmte Produkte und Absatzsysteme nimmt die Kommission der Europäischen Gemeinschaften ausdrücklich von dem Kartell-verbot des Art. 81 EGV aus.

Hierzu hat er eine Reihe sog. „Gruppenfreistellungs-Verordnungen" geschaffen. Die bedeutendsten sind:

Übersicht 42: Gruppenfreistellungs-Verordnungen

- Verordnung (EWG) Nr. 1983/83 der Kommission v. 22. 6. 1983 über die Anwendung von Artikel 81 Absatz 3 des Vertrages auf Gruppen von Alleinvertriebsvereinbarungen (ABl. L 173, S. 1 ff.)

- Verordnung (EWG) Nr. 1984/83 der Kommission v. 22. 6. 1983 über die Anwendung von Artikel 81 Absatz 3 des Vertrages auf Gruppen von Alleinvertriebsvereinbarungen (ABl. L 173, S. 5 ff.)

- Verordnung (EWG) Nr. 417/85 der Kommission v. 19. 12. 1984 über die Anwendung von Artikel 81 Absatz 3 des Vertrages auf Gruppen von Spezialisierungsvereinbarungen (ABl. 1985, L 53, S. 1 ff.)

- Verordnung (EWG) Nr. 418/85 der Kommission v. 19. 12. 1984 über die Anwendung von Artikel 81 Absatz 3 des Vertrages auf Gruppen über Forschung und Entwicklung (ABl. 1985 Nr. L 53 / 5 ff.; geändert durch Verordnung (EWG) 151 / 93 v. 23. 12. 1992 (ABl. 1993 Nr. L 21 / 8)

- Verordnung (EWG) Nr. 2349/84 der Kommission v. 23. 7. 1984 über die Anwendung von Artikel 85 Absatz 3 des Vertrages auf Gruppen von Patentlizenzvereinbarungen (ABl. L 219, S. 15 ff.)

- Verordnung (EG) Nr. 1475/95 der Kommission v. 28. 6. 1995 über die Anwendung von Artikel 81 Absatz 3 des Vertrages auf

Gruppen von Vertriebs- und Kundendienstvereinbarungen über Kraftfahrzeuge (ABl. L 145, S. 25 ff.)

- Verordnung (EWG) Nr. 3932/92 der Kommission vom 21. 12. 1992 über die Anwendung von Artikel 81 Absatz 3 des Vertrages auf bestimmte Gruppen von Vereinbarungen, Beschlüssen und aufeinander abgestimmten Verhaltensweisen im Bereich der Versicherungswirtschaft (ABl. L 398, S. 7 ff.)

- Verordnung (EWG) Nr. 4087/88 der Kommission v. 30. 11. 1988 über die Anwendung von Artikel 81 Absatz 3 des Vertrages auf Gruppen von Franchisevereinbarungen (ABl. L 359, S. 46 ff.)

- Verordnung (EG) Nr. 240/96 der Kommission v. 31. 1. 1996 über die Anwendung von Artikel 81 Absatz 3 des Vertrages auf Gruppen von Technologietransfer-Vereinbarungen (ABl. L 31, S. 2 ff.)

Die europäische Fusionskontrolle

Mit der Verordnung (EWG) Nr. 4064/89 des Rates v. 21. 12. 1989 über die Kontrolle von Unternehmenszusammenschlüssen (ABl. L 1990 Nr. 257, S. 13) (**Fusionskontroll-Verordnung**) geändert durch die Verordnung (EG) Nr. 1310/97 des Rates v. 30. 6. 1997 (ABl. L 180, S. 1) hat der europäische Gesetzgeber eine Regelung zur Steuerung der Marktstruktur geschaffen. Die Fusionskontroll-Verordnung ist anwendbar,

Übersicht 43: Anwendung der europäischen Fusionskontroll-Verordnung (Modell 1)

1 wenn Unternehmensverbindungen weltweit einen Gesamtumsatz von mehr als 5 Mrd. € erzielen.

2 Ferner müssen entweder mindestens zwei der beteiligten Unternehmen grundsätzlich einen gemeinschaftsweiten Gesamtumsatz von 250 Mio. € aufweisen oder

3 alle an dem Zusammenschluss beteiligten Unternehmen 2/3 ihres Gesamtumsatzes in nur einem europäischen Mitgliedstaat erreichen.

oder
Übersicht 44: Anwendung der europäischen Fusionskontroll-Verordnung (Modell 2)

1 wenn Unternehmensverbindungen weltweit einen Gesamtumsatz von mehr als 2,5 Mrd. € erzielen.

2 Der Gesamtumsatz aller Unternehmen in mindestens 3 Mitgliedstaaten 100 Mio. € ausmacht.

3 In jedem der unter Punkt 3 genannten Mitgliedstaaten muss der Gesamtumsatz von zwei an der Fusion beteiligten Unternehmen 25 Mio. € übersteigen.

4 Ferner müssen entweder mindestens zwei der beteiligten Unternehmen grundsätzlich einen gemeinschaftsweiten Gesamtumsatz von mehr als 100 Mio. € haben.

5 Die beteiligten Unternehmen dürfen nicht mehr als 2/3 ihres Gesamtumsatzes in nur einem europäischen Mitgliedstaat erzielen.

Zur Kontrolle von Unternehmenszusammenschlüssen, die weder die Schwellen des Modells 1 oder des Modells 2. erreichen, steht dann (subsidiär) die Kontrolle durch das jeweilige nationale Recht zur Verfügung.

Unzulässig ist – nach Art. 2 der europäischen Fusionskontroll-Verordnung – ein Unternehmenszusammenschluss, der eine marktbeherrschende Stellung begründet oder verstärkt und dadurch den „wirksamen Wettbewerb" auf dem gemeinsamen Markt oder dessen wesentlichen Teil erheblich behindert.

Übersicht 45: Tatbestände des Unternehmenszusammenschlusses

1 Unter einem Unternehmenszusammenschluss versteht die Fusionskontroll-Verordnung nicht nur den **Unternehmenskauf** oder die Unternehmens-Fusion.

2 Sie erfasst auch Sachverhalte des „**Kontrollerwerbs**" mindestens eines Unternehmens über ein anderes. Derartige „Kontroll- oder Leitungsmachterwerbe" können erfolgen durch

  a. den Erwerb von Anteilsrechten oder

  b. Vermögenswerten (Eigentum oder Nutzungsrechten),

  c. den Abschluss von Verträgen (speziell Gewinnabführung,

Subordinationsabsprache etc.), aber auch durch

d. Verträge, die einen bestimmenden Einfluss auf die Zusammensetzung der Organe eines Unternehmens gewähren,

e. Stimmbindungsverträge,

f. Stimmrechtsbindungs- oder Konsortialverträge,

g. Geschäftsführungsverträge,

h. persönliche Verflechtung oder

i. Fälle wirtschaftlicher Abhängigkeit (insbes. als Folge von Absatz-, Lizenz- und/oder Darlehensverträgen).

Schwierigkeiten bei der Beurteilung, ob eine Fusion oder ein Kartell vorliegt, bereiten Unternehmensabsprachen, in denen sich die Partner verpflichten, in einem eigenen anderen dritten Unternehmen – dem Gemeinschaftsunternehmen – zusammenzuarbeiten. Der Unterschied zwischen einem Kartell i.S.d. Art. 81 EGV und einem Unternehmenszusammenschluss i.S.d. europäischen Fusionskontroll-Verordnung liegt in dem Verbleib der wirtschaftlich organisatorischen Selbstständigkeit der Unternehmen. Beschränkt sich daher die Unternehmenskooperation lediglich auf eine Zusammenarbeit (kooperatives Gemeinschaftsunternehmen), so ist dieser Tatbestand nach Art. 81 EGV zu überprüfen.

Lagern demgegenüber Unternehmen wesentliche Teile ihres Betriebes organisatorisch in ein Unternehmen aus, das dauerhaft alle Funktionen einer wirtschaftlich eigenständigen Einheit erfüllt, so dass die Geschäftstätigkeit der Unternehmen in dem Gemeinschaftsunternehmen zusammenläuft und kontrollierbar i.S.v. steuerbar wird (konzentratives Gemeinschaftsunternehmen), handelt es sich um eine Form des Unternehmenszusammenschlusses. Dieser ist entsprechend den Grundsätzen der europäischen Fusionskontroll-Verordnung zu beurteilen.

Die Kommission kann in einem sehr aufwändigen Verfahren den Zusammenschluss **untersagen** oder ihn mit **Bedingungen** und **Auflagen** versehen (siehe Übersicht 46 auf der folgenden Seite).

Übersicht 46: Das Entscheidungsverfahren der Kommission

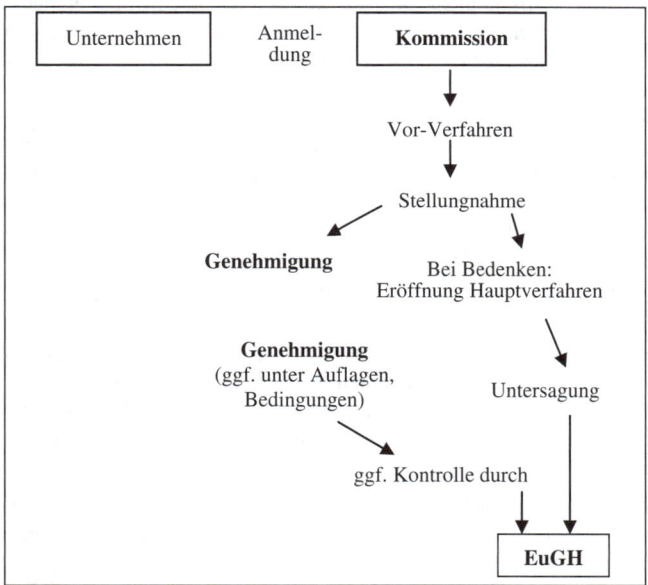

Die Kommission beschloss im Dezember 2002 eine umfassende Reform des europäischen Fusionskontrollrechts. Diese Reform soll zu einer neuen europäischen Fusionskontroll-Verordnung führen, die insbesondere die Kompetenzen der europäischen Fusionskontrollbehörden und der nationalen Behörden neu festlegt und das gesamte Fusionskontrollverfahren vereinfacht.

Steuerung des Marktverhaltens durch das Verbot des „Missbrauchs einer marktbeherrschenden Unternehmensstellung"

Das Wettbewerbsgeschehen – also der freie Austausch von Waren und Dienstleistung nach der Höhe ihres Preises – wäre erheblich beeinträchtigt, wenn marktstarke Unternehmen ihre Stellung dazu einsetzen, andere, kleinere Marktteilnehmer vom Markt zu verdrängen oder ihnen den Zugang wesentlich zu erschweren. Die Marktverhaltenskontrolle hat also – eigens im Zusammenhang mit dem Verbot des Missbrauchs einer marktbeherrschenden Unternehmensstellung – marktstrukturpolitische Bedeutung. Art. 82 EGV verbietet ein solches Ausnutzen von Unternehmensmacht. Eine marktbeherrschende Unternehmensstellung kommt nicht nur aus den tatsächlich bestehenden Marktanteilen des Unternehmens. Zur Beurteilung einer marktbeherrschenden Stellung eines Unternehmens kommt es ebenfalls auf dessen Finanzkraft, seinen Zugang zu Beschaffungs- und Absatzmärkten, den Grad der Unternehmensverflechtung auf dem Markt, seinen Forschungsvorsprung, seine Möglichkeiten zum Zugang zu Subventionen, seinen wirtschaftlichen Abstand zum nächstfolgenden Wettbewerber u.a. an.

Entscheidend zur Beurteilung einer marktbeherrschenden Unternehmensstellung ist – wie auch zur Beurteilung der Wettbewerbswidrigkeit von Kartellabsprachen – der Begriff des „Marktes". Auf einem eng gefassten Markt lässt sich leichter eine Marktbeherrschung durch ein Unternehmen ausmachen als auf einem weitegefassten Markt.

Beispiel: Ein mittelständisches Unternehmen besitzt auf dem Markt der Kraftfahrzeug-Reifen keine marktbeherrschende Stellung. Produziert das Unternehmen ausschließlich winterfeste temperaturunabhängige Spezialreifen für Traktoren und Erntemaschinen auf schlammigen Böden, so trifft dieses Unternehmen auf eben diesem Spezial-Markt auf nur wenige Mitbewerber. Es kann auf eben diesem eng gefassten Spezialmarkt eine marktbeherrschende Stellung besitzen.

Wie der (sachliche) Markt inhaltlich zu bestimmen ist, d.h., ob im obigen Beispiel das Angebot von Spezialreifen einen eigenen zur Beurteilung der marktbeherrschenden Unternehmensstellung relevanten Markt bildet – richtet sich nach den Produkten bzw. deren Austauschbarkeit. Die Kommission geht in den Fällen von verschiedenen Märkten aus, die in Übersicht 47 auf der folgenden Seite dargestellt sind.

Übersicht 47: Beispiele unterschiedlicher sachlich relevanter Märkte

Produkte		Entscheidung der Kommission
unterschiedliche Produktqualität		
Gebrannter Kalk	künstlicher Zement	v. 5. 5. 1969, in: ABl. v. 22. 5. 1969, Nr. 125, S. 8
in einem anderen Verfahren produziertes TBC-Heilmittel (Etambutal)	übrige TBC-Medikamente	v. 14. 12. 1972, in: ABl. v. 31. 12. 1972, Nr. 299, S. 51, 55
Tonträger der klassischen Musik	Tonträger der Unterhaltungsmusik	v. 22. 12. 1972, in: ABl. v. 31. 12. 1972, Nr. 303, S. 52 ff., 53
Bananen	andere Obstsorten	v. 17. 12. 1975, in: ABl. v. 9. 4. 1976, Nr. 95, S. ((**XXX**)) ff.
unterschiedlicher Verwendungszweck		
Rohstoffe	Endprodukte	v. 2. 1. 1973, in: ABl. v. 26. 5. 1973, Nr. 140, S. 17 ff.
spezieller Verwendungszweck für Dosen bildet eigenen Markt für jeweilige Dose		v. 21. 2. 1973, in: WuW (Entscheidungssammlung) EV, S. 296 ff., 301, Nr. 33
je nach speziellem Verwendungszweck eigener Markt für Kugellager		v. 29. 11. 1974, in: ABl. v. 21. 12. 1974, Nr. 343, S. 19 ff., 22 (Rn. 2a)
Vitamine A, B1, B2, C	andere Vitamingruppen	v. 9. 6. 1976, in: ABl. v. 16. 8. 1976, Nr. 223, S. 27 ff., Nr. 35

Über die Frage der Austauschbarkeit von Produkten gibt die sog. „Kreuzpreiselastizität" der Produkte Auskunft: Greift der Verbraucher – bei einer Preiserhöhung für das Spezial-Produkt – auf andere Güter zurück, bilden die Spezialgüter keinen eigenen relevanten Markt.

Griffen die Landwirte im Fall einer Preiserhöhung der Spezialreifen auf die sonst angebotenen Reifen zurück, stellt das Angebot der Spezialreifen keinen eigenen Markt dar. Den relevanten Markt bilden vielmehr „Reifen allgemein". Daher besteht eine marktbeherrschende Unternehmensstellung des Spezialreifenproduzenten nicht.

Art. 82 verbietet den Missbrauch einer bestehenden Unternehmensstellung. Das Entstehen einer solchen Stellung selbst kann somit nicht Gegenstand des Verbotsdes Art. 82 EGV sein. Das Entstehen von marktbeherrschenden Unternehmensstellungen beurteilt vielmehr die europäische Fusionskontrolle (dazu siehe unten).

Ein eindrucksvolles Beispiel des Missbrauchs einer marktbeherrschenden Unternehmensstellung bildet der Fall „Tetra-Pak II".

Tetra Pak II; EuGH I v. 6. 10. 1994 (Rs. T-83/91) Tetra Pak gegen Kommission der Europäischen Gemeinschaften, Slg. II 1994, S. 755

Das Unternehmen Tetra Pak besitzt auf dem europäischen Markt für nichtaseptische Maschinen und Kartons zur Verpackung flüssiger Nahrungsmittel, einen Marktanteil von 50 -55 % und, für aseptische Maschinen und Kartons zur Verpackung flüssiger Nahrungsmittel, einen Marktanteil von 90 %.

Der einzige nennenswerte Konkurrent auf dem nicht-aseptischen Markt, das Unternehmen Elo Pak, hat einen Marktanteil für Verpackungsprodukte von 27 %. Tetra Pak verfügt gegenüber Elo Pak über einen großen technologischen Vorsprung auf dem Markt für nicht-aseptische Produkte.

In den Jahren 1976 bis 1991

1. verpflichtet Tetra Pak die Abnehmer aller seiner Verpackungsmaschinen zur gleichzeitigen Abnahme von Tetra Pak Kartons.
2. Ferner verkauft Tetra Pak – hauptsächlich in Italien – seine Kartons unter deren Herstellungspreis (Dumpingpreise) und erzielt so eine Verdrängung von anderen Kartonherstellern.
3. In einzelnen Mitgliedsländern setzt Tetra Pak für dieselben Produkte unterschiedliche Preise fest.

4. Verpackungsmaschinen der Konkurrenten kauft Tetra Pak systematisch von diesen auf, um sie dann vom Markt zu nehmen.

5. Mit der italienischen Fachzeitschrift für Milchprodukte vereinbart Tetra Pak ein Werbemonopol in dem Sinne, dass in dieser Fachzeitschrift nur Werbung für Tetra Pak Produkte erscheinen darf.

Die Kommission verhängte wegen dieser Geschäftspraktiken ein Bußgeld gegen Tetra Pak i.H.v. 75 Mio. ECU.

Tetra-Pak besitzt auf dem Markt für nicht-aseptische Kartons oder nicht-aseptische Verpackungsmaschinen mit 90 % Marktanteilen und auf dem Markt für aseptische Kartons oder aseptische Verpackungsmaschinen, mit 50 - 55 % Marktanteilen und einem großen technologischen Vorsprung gegenüber seinem – mit 27 % Marktanteilen weit abgeschlagenen – Konkurrenten, eine marktbeherrschende Unternehmensstellung.

Diese missbraucht Tetra Pak, indem es

- seinen Abnehmern eine „Kopplungsklausel" aufzwingt, die den Bezug von Kartons bei anderen Wettbewerbern ausschließt,
- durch Dumping einen aggressiven Verdrängungswettbewerb in Italien nachgeht,
- eine nichtgerechtfertigte Preisdiskriminierung (Art. 82 Abs. 2 c EGV) betreibt sowie
- in den beiden Alternativen 4 und 5 mittels eines unzulässigen „Behinderungswettbewerbs" seine Konkurrenten schädigt.

✐ Die Möglichkeit der Kontrolle der vorangegangenen Ausführungen bieten die interaktiven Fragen auf der CD (Test 6).

✐ Einen abschließenden Test zur Kontrolle Ihres Wissens über den gesamten Text finden Sie neben zwei Übungsfällen auf der CD.

Stichwortverzeichnis